Philippe Collinet

Le Bouddha schizophrène

Autobiographie

« Merci à ma femme Barbara qui m'a encouragé à terminer la rédaction de mon histoire vécue... »

« Le bout de mes rêves existe, et pourtant je ne le connaîtrai jamais. Je suis déjà allé à quelques bouts de moi, mais la quête de l'Extrême reste infinie. Source de toute liberté, elle ne juge plus, ne condamne rien, mais ouvre les portes vers un autre univers. Une dimension où nous sommes avec nous-mêmes et avec le monde, où notre pensée est à l'état pur et donne accès à un tout autre niveau de conscience...
J'espère aller plus loin. »

Quand je suis devenu marathonien...

Table des matières

Préambule

Voilà des années que j'écris des pensées sur papier, des années à chercher et rechercher des sources de bonheur, que ce soit dans le sport extrême, le bouddhisme, la religion catholique... Ce livre raconte mon histoire, celui d'un incompris pour une société qui m'apparaît comme étrange, qui n'a pas de sens.

J'écris depuis mon adolescence. J'ai commencé par des poèmes, ensuite un journal de bord et des récits sportifs d'expériences vécues. Il fallait que j'écrive un jour ce livre. Ce livre représente mon parcours, raconté étape par étape : le chemin de ma vie. C'est une histoire pas commune, qui sort de l'ordinaire pour mieux y rentrer par la suite...

Entre l'imaginaire et la réalité subsiste une frontière : les limites. Si on repousse ses limites on crée une autre réalité. L'imaginaire devient réel. Voici cette exploration des limites de l'esprit humain. Qu'est ce que la réalité sinon une vue de l'esprit ? Quel est le sens de l'existence sinon avancer, respirer, trouver une logique rationnelle? Qu'est-ce qui peut apporter des réponses aux questions existentielles du pourquoi et du comment? Qui pourrait aider à avancer sur ce chemin de vie sinon soi-même ?

Le sport fut l'expression de cette véritable recherche intérieure. L'Extrême est le Dieu que je vénérais. Dans mon parcours, je cherchais Dieu au bout d'un marathon à l'intérieur de moi-même. Mes difficultés relationnelles avec les gens étaient épurés par une séance de course à pied. Toute ma colère, ma rancoeur, mon amour, ma passion, ma tristesse, ma souffrance, me servaient comme moteur à courir toujours plus loin, encore et encore. Je ne sus que quinze années après ma première hospitalisation en hôpital psychiatrique que je souffrais de schizophrénie. Entre-temps, un parcours qui m'a conduit au plus bas, pour remonter pas à pas, jour après jour... Je me suis construis brique par brique pour arriver à un résultat satisfaisant et ainsi être fier de moi-même et de ma vie.

Je suis atteint de schizophrénie, mais je suis aussi athlète de l'Extrême, kinésithérapeute, maître Reiki, écrivain... Même la maladie n'a pas réussi à m'arrêter ! Ne sachant pas le titre de mon mal pendant des années, mon traitement fut de courir à l'Extrême de mes capacités. Je suis allé plutôt loin...

Cette recherche spirituelle commença avec l'apparition de la souffrance à l'adolescence. Je me posais des questions existentielles fondamentales. Je devais trouver des réponses au « pourquoi » de la vie, ainsi qu'au « comment » atteindre celui-ci. J'ai cherché loin, très loin ce qui en fait était tout près, en soi-même.

Aujourd'hui, j'ai trouvé mes propres réponses qui me conviennent. Le bonheur passe par la gratitude envers la vie. Pour l'apprécier, il convient de développer la simplicité. Avant d'arriver à ce stade éphémère lui aussi, il m'aura fallu chercher. Ce livre présente mon témoignage de mes recherches intérieures et extérieures.

Dans ce livre, j'ai ôté les noms de personnes, d'établissements par respect pour eux. J'énumère les faits les plus importants que j'ai vécus et j'ai laissé tombé les faits insignifiants qui n'ont aucune forme d'importance. L'essentiel est expliqué en détails et comment je l'ai vécu émotionnellement...

Depuis cette pièce où j'écris ces lignes, aux routes parcourues à pied ou à vélo. Avec déjà une traversée de la Belgique à pied et celle de la France à vélo, je pensais que l'esprit faisait avancer le corps, et que les limites d'exploration de cette quête avaient été atteintes... Je me trompais. La quête spirituelle continue...

Chapitre 1
Une vie hors norme

Je suis né dans une grande maison, un manoir, avec tout l'amour et les apports matériels dont j'ai eu besoin. J'ai toujours été dans les trois premiers de classe en primaire, promis à un bel avenir intellectuel. Mon enfance fut une très belle période de ma vie. J'étais comblé dans mes besoins et recevais l'attention et l'amour de mes parents.

Mais pendant mon adolescence, mon niveau scolaire s'est dégradé au fur et à mesure de mes secondaires. Mes « camarades » de classe me charriaient, me rabaissaient. Dès ma découverte de la bière et du tabac, l'école ne m'intéressait plus. La plupart de mes charmants camarades de classe se foutant de ma gueule, je prenais ça pour réalité et tombais en dépression. Je haïssais l'école juste parce que les gens étaient là.

De plus, les cours obligatoires ne m'intéressaient pas du tout. Je me demandais à quoi sert l'école ? A quoi ça sert de ramener ou pas de bonnes notes ? Pour quel avenir ? Pour suivre le troupeau sans se poser les bonnes questions ?

Je faisais de la gymnastique pour le plaisir, et je décrochais même la médaille d'or par total additionnel et aussi celle aux barres parallèles, aux championnats inter-écoles de gymnastique, séries imposées. Ça n'a pas plus aux autres élèves, à tel point qu'ils me tendirent un piège à plusieurs en me demandant de leur montrer une figure aux barres parallèles. Durant le mouvement, un élève me donna un coup de poing dans le foie. J'écartais les jambes et mon genou alla s'éclater sur le pilier de la barre parallèle !

Je rentrais tout boitant à la maison, ne sachant plus poser le pied par terre ! Aucune poursuite ne furent entamées chez la direction ou la police... Même les professeurs me charriaient et ne m'aimaient pas. L'école était un cauchemar éveillé !

Entre les critiques et rabaissements incessants, chaque jour, jour après jour, et ce mal-être, cette angoisse permanente de devoir faire l'école par obligation et non pas par souhait, j'allais de plus en plus mal... On m'accusait aussi de faits que je n'avais pas commis. Parfois, je devais me défendre physiquement quand on me shootait dans les couilles.

Ma vie se résumait entre le dur labeur de l'obligation scolaire d'avant dix-huit ans, et ma vie réelle dans la maison, où je commençais à échapper à la réalité grâce aux films de science-fiction, d'horreur surtout. Je renaissais de retour de l'école. L'enfer était dehors, les gens, la société. L'enfer c'est les autres...

Dès lors, je devins sujet à l'échec, puis au décrochage scolaire, passant mes journées d'école buissonnière à boire de la bière et fumer des cigarettes. Une fille me chauffait en faisant par la suite sa sainte-nitouche soit disant lesbienne. J'ai fait une tentative de suicide en conséquence de sa manipulation morale.

J'atterris à l'hôpital où on me fit un lavage d'estomac forcé. On m'inséra un tuyau par la bouche comme on gave une oie pour extirper le flacon entier de médicament que j'avais ingurgité. Une perfusion toute la nuit et je signais au petit matin une décharge pour sortir... J'en avais déjà fait une autre avant de doubler pour la deuxième fois dans cette école de Bruxelles. On était parti en classe de neige. Je me sentais profondément mal et personne ne me comprenait ni ne m'écoutait, personne n'était là pour moi. Contre moi ça oui, il y avait du monde... Le résultat fut que j'ai ingurgité cinquante aspirines un soir. Je n'ai pas eu de lavage d'estomac cette fois, mais des troubles digestifs et auditifs...

J'en avais marre de ce dénigrement social. Les adolescents sont peut-être des enfants, mais loin d'une innocence infantile! Et ce n'est pas une excuse d'être un enfant pour ne pas pas assumer ses paroles et ses actes ! La fille manipulatrice m'avoua sept ans après mon suicide raté, qu'en fait elle se foutait de ma gueule plus jeune. On est déjà responsable de ses actes même jeune. Elle n'a jamais fini sa licence en langue romane par la suite...

Entre-temps, et depuis mon suicide par médicaments manqué, mon état mental se dégradait. Tandis que la terre tourne, et que les autres ennemis avancent dans la réussite de leur vie, j'entendais des voix. J'entendais la voix de Dieu me parler et me dire que j'étais son fils, la réincarnation de Jésus-Christ. La voix m'ordonna aussi d'arrêter de parler pendant trois mois, de m'alimenter aussi. Je pesais moins de cinquante kilos.

J'entendais les gens m'insulter tout autour de la maison et critiquer le moindre de mes mouvements. Tandis que la voix de Dieu me disait de me mettre en croix allongé par terre, et d'attendre qu'on vienne me clouer. Dieu me disait quand je pouvais boire un verre d'eau, quand manger une feuille de salade, quand aller pisser ! Suite à une crise où je jetais tout par les fenêtres car Dieu m'ordonnait de me séparer de mes biens matériels, mes parents appelèrent la police. Je fus conduit dans un hôpital psychiatrique de Bruxelles.

On me fit une injection dans la fesse et je m'endormais. Je me réveillais enfermé et attaché. On me fit plusieurs injections encore... A la sortie de la chambre d'isolation, on me donna des médicaments qui me transformaient en légume qui bave. J'étais entouré de gens à problèmes. Alors que certains commencent à aller à l'université, moi je commençais à aller en hôpital psychiatrique...

Ma première hospitalisation dura quelques mois. Dans ce premier hôpital, une fille me tendit un verre avec un liquide. La voix me dit de le boire. Dix minutes après, mon corps est devenu raide comme une table. Les autres patients appelèrent l'infirmière qui me fit directement une injection. Le lendemain, elle me fit une prise sang pour constater aux résultats l'empoisonnement que je venais de subir. Il aura fallu plusieurs mois pour obtenir un équilibre précaire.

En sortant de là, j'essayais de raccrocher aux études. Mais en vain, quelques mois plus tard, je décrochais à nouveau, pour retomber dans mes habitudes néfastes. On me conseilla encore l'hospitalisation. Je rentrais de mon plein gré pour une courte hospitalisation de trois semaines. Je commençais avec un traitement d'un seul médicament au dosage léger. Après, le psychiatre qui me suivait augmenta les différents traitements, et les dosages furent à leur maximum.

Je me retrouvais avec dix médicaments par jour, et tout bouffi par la prise de poids. Quelle amélioration de mon bonheur ? Aucune ! Le psychiatre me rendait plus malade qu'autre chose ! Il voulait même me colloquer alors que j'étais rentré de mon plein gré. Je lui parlait qu'on avait fait une balade en forêt qui m'a fait la plus grand bien. Il me répondait : « ha non non, je vais vous donner un anti-dépresseur ! ». Surtout que ma déprime était causée par le fait d'être enfermé à l'hôpital ! De plus, je partageais ma chambre avec un monsieur qui ne sentais vraiment pas bon et qui pissait sur la porte de la chambre la nuit ! Finalement, je sortis de cet hôpital six mois après, et complètement à côté de mes pompes tellement j'étais défoncé aux drogues médicamenteuses légales... Il m'aura fallu six mois pour me transformer en légume obèse bon à rien et complètement hors service.

Je tentais encore d'avoir mon diplôme de secondaires... Mais sans espoir. Je n'arrivais pas à me socialiser, ni me concentrer aux cours. J'étais profondément malheureux. Tandis que la terre continuait à tourner et que les autres avançaient dans leur vie...

Quelle injustice ! Les personnes mauvaises réussissent, ils sont entourés d'amis et heureux. Tandis que je souffre seul en connaissant le cauchemar des hôpitaux psychiatriques. C'était la résultante de leur mépris, de leurs harcèlements. Leurs mauvaises paroles et actions m'avaient enterré. Ou plutôt, je prenais leurs dires pour vérité et je me laissais sombrer !

Je m'isolais complètement pendant plusieurs mois. L'isolement total faisait que je vivais uniquement dans mes pensées. Quand on fréquente des gens qui veulent votre déchéance et tentent de vous tuer, la solitude est salvatrice ! Je fis une crise hallucinatoire où je suivais à nouveau les indications de la voix que j'entendais. Mon comportement était devenu très préoccupant. Mes parents décidèrent de tenter de me faire à nouveau hospitalisé. Me voilà de nouveau enfermé en cage.

Cette fois, après deux hospitalisations ratées, je décidais de m'évader et de faire ma vie, étant donné que c'était les autres les auteurs de ma déchéance. C'était par la jalousie de mes avoirs paternels d'être né sous une bonne étoile financière. Surtout, suite aux mauvais traitements de la dernière fois, je ne voulais plus revivre cet « enfer carcéral de camps de concentration ». Le psychiatre m'avait rendu malade et transformé en légume qui bave !

Je m'évadais donc de l'hôpital de Bruxelles. J'attendis que la porte de l'unité s'ouvre au passage d'un infirmier. D'un coup, je me ruais directement en fonçant au travers de l'ouverture le bousculant. L'alerte est donnée, je cours en sprint loin de ce camp de nazi.

Je cours... Je me cache dans un jardin et voit les agents de sécurité tenter de me rattraper et de me retrouver. Aucune chance ! Ils font demi-tour. La voie est dégagée maintenant et je marche vers ma maison située à 30 kilomètres... Je rentre chez moi en faisant du stop.

La police vint sonner à la maison. Ma mère s'opposa à leur venue. « Je m'en occupe » dit-elle. Le psychiatre avait donc tenté de me supprimer ma liberté par voie légale ! Ils n'insistèrent pas et j'eus la paix. Je choisissais d'écouter ma mère et non plus la voix qui me donnait des ordres.

Ma mère me soigna avec son acupressure quand je ne trouvais pas le sommeil. Elle est chinoise et avait étudié sa médecine traditionnelle. Chaque jour, j'avais droit à un soin de médecine énergétique. Elle me dit d'aller chez une homéopathe qui me donna des plantes et des granules.

Je parvins à raccrocher au système éducatif pour enfin en sortir avec mon diplôme de secondaire à 22 ans après quatre années de retard... C'était à « l'école des derniers » à Namur. Je compris que pour lutter contre le système, il fallait d'abord en faire partie et l'intégrer. On ne se rebelle pas contre la société d'une façon marginale externe, mais en faisant partie d'elle de façon interne.

En parallèle de ce raccrochage scolaire, j'ai pris une décision qui allait changer ma vie à tout jamais. C'est la décision la plus importante de mon existence : je commençais le jogging ! J'ai décidé de tous les battre, ceux qui m'avaient rabaissés, harcelés, empoisonnés, tabassés, humiliés... Le mal-être que je ressentais m'avait poussé à boire pour soulager l'angoisse et quitter les bancs d'école. Tous ces gens qui m'avaient toujours traités comme un moins que rien, jamais appréciés à ma juste valeur...

Je devais dépasser tout cela, devenir exceptionnel, devenir moi-même ! Je devais me prouver à moi-même et devant tous, que je n'étais pas ce que eux disaient : ces rabaissements quotidiens, ces insultes. Réalité et hallucinations, je courais contre ces ennemis et pour mon amour-propre. Je devais me prouver que je suis une personne bien et respectable.

Loin des hôpitaux psychiatriques à l'allure de camps de concentration... Plus de traitements médicamenteux qui assomment et font prendre du poids... Terminé la lobotomie médicale ! Je n'étais pas non plus suivi par un quelconque psychologue ou psychiatre. Je suis libre !

Le jogging est la découverte de l'Amérique ! Un tout nouveau continent à explorer, qui apparaît comme propre, avec des gens sains. Je respire ! Quand je cours, j'ai l'impression de voler. Mon corps et mon esprit deviennent plus fort, jour après jour... Je cours parmi les voix, les hallucinations auditives qui m'insultent, qui me disent que je suis nul, que je ne vais pas y arriver. Ces voix qui me traitent de pauvre type, de ringard, de con, d'imbécile. Je devenais plus fort que mes ennemis imaginaires et réels. Jour après jour, je courais un peu plus loin, un peu plus longtemps.

Chapitre 2
Courir

J'ai commencé durant l'été 1998. Je courais lentement autour du lac de Genval. La première fois, après 1 km, je me suis mis à vomir. Puis, je parvenais à boucler le tour complet soit 2,5 km. Après, j'ai réussi à faire deux fois le tour d'affilée, ensuite trois fois. Attiré par la nature à l'état pur, je me suis mis à courir en forêt dans le domaine du château de la Hulpe.

Entre-temps, j'appris l'existence de courses organisées. En février 1999, je commençais à courir ainsi les challenges du Brabant Wallon : c'est une série de courses de 10 à 13 km étalées sur toute la saison.

Je courais quasi tous les jours. J'avais besoin de prendre l'air, sortir, aller dans la nature. J'aimais ressentir mon corps se déplacer dans l'espace complètement naturellement, sans artifice. Je ne courais même pas avec un chronomètre, juste une bonne paire de chaussures de courses. Je me demandais jusqu'où je pouvais courir ? Je progressais rapidement en allant de plus en plus loin au fils des semaines et des mois de jogging.

Je me baladais au supermarché, au rayon des magazines et j'en achetais un. Il y a un article qui m'interpelle : « relevez le défi du marathon (42,195 km) ». Après avoir choisi dans l'agenda des courses celui que je voulais courir, je téléphonais pour m'y inscrire.

C'est le marathon du trèfle à quatre feuilles, à Olne, le 18 avril 1999, au pays de Herve. La dame me dit au téléphone que le parcours est vallonné. Je lui répondis que ça ne posera pas trop de problème. Elle insiste : « c'est vraiment vallonné ! ». Je lui dis que cela ira, et que je cherche pour un premier marathon quelque chose de très nature. Elle me dit que pour l'aspect nature, j'allais être servi !

Le jour fatidique était arrivé. Le marathon était pour moi quelque chose de symbolique. Courir de 42,195km relevait de la limite du possible. Ce que je n'avais pas imaginé, c'est que le dénivelé du parcours serait non pas vallonné, mais montagneux ! Je m'attendais à des petites montées par-ci par-là, mais c'était plutôt d'interminables pentes de plusieurs kilomètres. Le tracé était fabuleux : on passait par des chemins de campagnes, admirant le paysage du Pays de Herve. Le parcours avait la forme d'un trèfle à quatre feuilles, avec quatre boucles de 12 km, 11 km, 10 km et 9 km, pour arriver aux 42,195 km de la distance marathon et démarrant depuis un petit chalet nommé le chalet du soleil levant. Durant les montées, la plupart des coureurs marchaient car on ne pouvait presque pas faire autrement.

Pour moi, courir un marathon, c'est courir toute la distance, sans jamais marcher. Après deux boucles et 23 km de parcouru mes jambes me faisaient déjà mal. Je n'étais pas vraiment au sommet de ma forme ce jour-là. Je n'avais jamais auparavant dépassé la distance de

27km et lorsque je vis la borne kilométrique 27, c'est comme si j'entrais en territoire inconnu.

La victoire était déjà présente, bien qu'il restait encore 15 km. Au départ de la dernière boucle de 9 km, je poussais vraiment sur ma volonté. La douleur était à la limite du supportable. Mes jambes étaient raides comme des bâtons, un douleur à chaque foulée. La fatigue se faisait plus que sentir, et les vertiges ainsi que la vision de petites étoiles devenaient inquiétants. En fait, j'étais en déshydratation et en hypoglycémie. Je continuais ainsi, refusant d'abandonner.

Après une descente, une montée : la montée ! Je courais toujours en considérant que si j'avais le malheur de marcher j'aurais raté ce marathon. En m'approchant du dernier point de ravitaillement, toujours dans la même pente, j'avais pensé que la personne au poste bricolait sur une table devant son garage par un beau dimanche ensoleillé. Mais non, c'était bien un ravitaillement. Ma lucidité s'était envolée. L'homme me voyant arrivé me dit : « hou! Bien besoin là ! Attention au sommet de la montée, prends à gauche ».

Il restait 4 km. Au sommet donc, un autre parcours fléché interférait sur mon itinéraire. J'étais tellement dans les nuages que je pris à droite, suivant l'autre tracé menant quelque part. Et je me suis retrouvé à 7 km de Olne.

Me rendant compte de mon erreur, je voulais passer la distance de 42,195 km symboliquement, et je continuais à courir. Mon chronomètre me permettait de déduire le kilométrage. Et, après 4h45 de course dans les montagnes de Pays de Herve, je marchais enfin. Du moins j'essayais, mes jambes étaient tétanisées. Je devais juste retrouver le chemin du lieu de départ.

Après une séance d'auto-stop et une de moto-stop, je parvins donc au chalet du soleil levant. Cela faisait 6h30 que la course avait démarré. Il n'y avait plus de concurrents, plus de voitures sur le parking, plus de banderoles ni de barrières d'arrivée. Les organisateurs buvaient un dernier verre. On me dit : « tu viens d'arriver ? ». Et je lui raconte mes aventures. Ils m'offrent un verre et me donnent le tee-shirt de l'épreuve, symbolisant la réussite de cette course. Quelqu'un me dit : « et bien en tout cas vous avez vraiment du mérite ! ». Ainsi, en cette belle journée du dimanche 18 avril 1999, j'étais devenu marathonien !

Depuis cette course, ce premier marathon, ma vie n'est plus du tout la même. Non seulement j'avais réussi à parcourir la distance de 42,195 km, mais en plus dans un parcours en forme de montagnes russes. Et cela, sans jamais m'arrêter de courir... De plus, je dus marcher 1h45 pour rejoindre l'arrivée sans avoir le moindre ravitaillement et dans un état de fatigue plus que prononcé !

Avant ce jour, je n'avais jamais dépassé 27 km, j'avais brisé toutes mes limites des mots « possible et impossible », et je pus voir l'immensité et la beauté du monde dans toute sa splendeur (ou du moins un gros début). Tous les facteurs de limites étaient détruits à tout jamais. Je décidais de continuer dans cette voie...

Il y eu le marathon de Berlin, le 26 septembre 1999. On était 25000 marathoniens minimum à s'élancer dans les rues de la capitale ce dimanche-là. L'organisation était gigantesque. On avait tous un ballon en main au départ et à 9h pétante, au moment du départ, ce fut le lâcher de ballons phénoménal...

Il y avait plein d'orchestres sur le parcours, des gros tambours japonais, en passant par de la techno, une chanteuse live, des groupes de jazz... Des dames qui tambourinaient avec leurs casseroles aux fenêtres de chez eux en rythme... Des gens qui mettaient bien fort l'autoradio de leur voiture garée... Les enfants spectateurs tendaient leurs mains au passage pour le « tope-la»... La quinzaine de ravitaillements étaient composés d'eau, de quartiers d'oranges et de bananes.

Au 35ème km, j'avais les jambes qui commençaient vraiment à se raidir. Il avait plu très légèrement pendant la course, et ma foulée commençait, je crois, à ressembler plus à du ski de fond.

Au 38ème km, j'avais les larmes aux yeux tellement l'atmosphère était impressionnante : l'ambiance, les spectateurs, ce marathon international, l'effort réalisé par autant de gens au même moment. C'est trop grandiose pour l'étiqueter avec des mots... Bref, après 4h10, je passais la ligne d'arrivée. J'en ressors à nouveau transformé ! J'étais marathonien à deux reprises : Olne et Berlin. Mais je n'étais pas encore un ultra-marathonien, c'est à dire au delà des 42,195 km.

Le 28 novembre 1999, je couru les 64 km de la course « Olne - Spa - Olne ». Un retour aux sources, à Olne, ce site qui m'a accueilli pour mon baptême marathon. Le parcours part de Olne et rejoint la ville de Spa, pour revenir à Olne.

Nous étions partis au lever du soleil. Il y avait peu de participants : cent trente coureurs. L'atmosphère du départ était puissante : j'étais dans une foule d'ultra-runners, et ils avaient tous la flamme intérieure caractéristique. Ça se respirait dans l'air, une sorte d'adrénaline perceptible, qui émanait de notre groupe. Les 64 km étaient lancés.

Une fois de plus, je progressais en pleine nature, à l'état pur. Le paysage n'avait pas changé, et les montagnes russes du parcours non plus. Cette fois, j'adoptais la technique de l'ultra-runner : marcher dans les montées et courir le reste. Ce fut une splendide journée en perspective. La météo était clémente et la température également. Après 7h45 de course, j'étais ultra-marathonien !

En fait, du haut de mes 23 années, j'étais devenu un des plus jeunes ultra-runners de Belgique. Peut-être bien le plus jeune, car il n'y a pas beaucoup de coureur de moins de trente ans sur les courses ultras. Il faut des années d'expériences pour résister à un tel effort, normalement.

La quête de l'Extrême m'appelait vers un autre objectif. Je le sentais profondément en moi. Je décidais de courir un 100km. Je m'inscrivis pour les 100 km du Périgord Noir à Belvès, le 30 avril 2000. La course se déroulerait donc en France, à 900 km de Bruxelles, non loin de Bordeaux. J'avais quatre mois pour m'y préparer. Neuf fois sur dix, je m'entraînais seul dans la forêt de Soignes. Sinon je courais avec le club dont j'étais membre. Il est composé de 150 joggers. Je demandais aux deux uniques centbornards (personne qui a couru 100 km) des conseils. J'édifiais ainsi un planning d'entraînement sur quatre mois. Je me suis imposé une diététique précise : pas une goutte d'alcool quelconque, halte aux pizzas, hamburgers, frites et sodas... Place aux fruits et légumes. Mon style de vie devenait de plus en plus strict. Dormir à 22h maximum pour se lever à l'aube et aller courir. Rentrer des cours, remplir mes obligations scolaires, manger, se détendre et stretcher. Je faisais 1h à 1h30 d'assouplissements tous les soirs...

Le 9 avril 2000, c'était le marathon de Paris. J'accompagnais un ami tout le long du parcours pour son premier marathon. Je le courais donc en entraînement pour mon 100 km, à 20 jours du lancement.

Les coureurs du 100 km peuvent être suivis d'un accompagnateur en vélo. Je choisis la personne à qui je dois ma venue dans le club de jogging local. Celle-ci eut un empêchement de dernière minute et se désista. Je me retrouvais ainsi seul. Seul à conduire les 900 km en voiture, seul pour les 100 km, et pour le trajet retour. J'espérais quand même savoir encore marcher après la course, pour pouvoir le lendemain manipuler les pédales de la voiture, et rentrer en Belgique...

Le défi était de taille. Je cours depuis moins de deux années. La moyenne d'âge des centbornards se situent autour de la quarantaine. Sur 100 km, il y a 25 % d'abandons. Une minorité est capable de le courir de bout en bout : 10 à 25 % selon les conditions météorologiques. Les 50 % restant alternent course et marche. Je comptais bien courir la totalité des 100 km. Certains m'ont dit que c'est de la folie, d'autres iront jusqu'à employer le mot « suicide ». Sympathique, mais cela représenta la majorité de mes encouragements voire la totalité.

La veille de la course, j'étais donc sur place. Belvès accueillait pour l'occasion le championnat d'Europe de la discipline. C'est un tout petit village perché sur un ancien volcan, avec 2 km de montée. J'allais retirer mon dossard à la mairie. En redescendant, j'aperçus un coureur japonais qui montait d'une bonne foulée. J'appris ensuite qu'il s'agissait du champion du monde sur 100 km : Takahiro Sunada. Son temps record étant de 6h13'33". Une vitesse de plus de 16 km par heure de moyenne sur la distance totale !

Je logeais chez une fermière et son mari, dans un appartement loué. Après une nuit faite d'insomnie, le grand jour tant attendu depuis quatre mois était arrivé... Réveil à 5h du matin. J'avais réussi à dormir 2 à 3 heures, pas plus. Mais l'excitation me donne un punch incroyable.

Après un petit déjeuner fait de pâtes complètes et de thé, je me mets en tenue et prépare mon matériel. J'étais armé d'une ceinture spéciale, pouvant porter de l'eau, du gel de glucose et des barres énergétiques.

À 6h30 j'étais déjà au départ. Je pris le temps de prendre en photo le lever du soleil. Un quart d'heure avant le lancement, les 1200 coureurs se regroupaient dans l'espace de départ. Je discutais avec un centbornard, papotant que je venais de Belgique et que c'était mon premier 100 km. Il me souhaita bonne chance avec humilité. Moment d'émotion : j'allais me lancer dans un défi de fou, courir une journée entière, entrer en territoire inconnu...

À 8h sur un gros coup de canon, le départ du 100 km du Périgord Noir était donné. Je pars à une cadence la plus lente possible, en laissant les autres me dépasser, et je me retrouve avec les marcheurs. Le temps limite de la course était de 20h. Je ne me suis pas fixé de temps spécifique : finir est fantastique, sous les 12h encore plus merveilleux. Lentement, je prends mon rythme et commence à remonter les autres concurrents. Je dis bonjour à chacun, bavarde un peu avec ceux qui sont à ma vitesse. Les gens étaient très ouverts.

Au 30ème kilomètre, le soleil perce la fine couverture nuageuse, au moment d'une succession de côtes qui nous mènerait au 50ème kilomètre. Les ravitaillements sont prévus chaque 5 km. Sur les tables on trouve de tout, pour tous les goûts : de l'eau, du coca, des fruits secs, des biscuits, etc... Mais aussi des petites pastilles de sel. J'en prenais deux à trois à chaque ravitaillement.

Le soleil commence à taper. La soif devient atroce. Je parle avec un autre coureur des pastilles de sel. Il me dit : « tu en prends beaucoup de trop, une pastille toutes les 2h suffit. Il faut que tu boives beaucoup d'eau pour compenser ».

Je passe le 50ème kilomètre, après 6h12 de course. Le timing est parfait pour terminer sous les 12h. La chaleur est étouffante, et ma soif demeure insatiable. Les muscles de mes jambes commencent à raidir étrangement. Une douleur que je n'avais jamais rencontré. Mes forces déclinent de plus en plus. Je me demande ce qui se passe. Je cours toujours.

Mon état s'aggrave. On est au 66ème kilomètre. Si je ne marche pas, je n'arriverais jamais au bout. Donc après 8h22 à courir non stop, je commence à marcher. Mon corps est bizarrement engourdi. Je me tapote la joue et me griffe le bras pour savoir si j'ai encore la sensation du toucher : à peine. Je marche de plus en plus lentement.

Les gens que j'avais dépassés auparavant me rattrapent tous les uns après les autres. Ils me demandent ce qui se passe et m'encouragent. Une dame me donne des barres de céréales. On me demande si j'ai des ampoules, pourquoi je boîte étrangement, si j'ai des crampes... Rien de tout cela, je ne sais pas ce qui m'arrive.

Mon allure de marche devient vraiment lente, comme si on avait appuyé sur le bouton « ralenti ». Il reste 25 km et le soleil commence à se coucher. J'arrive au stand des massages. Il y a trop de file, et si je m'arrête un instant, je ne pourrai jamais repartir. Je continue sans m'arrêter. Une voiture de l'organisation se met à ma portée. L'homme me voyant marcher dans un état original me demande : « vous comptez finir la course ? ». Je lui réponds d'un ton optimiste, qui ne laisse pas la place au doute : « oui, bien sûr ! ».

Au 85ème kilomètre, le jour a fait place à la nuit et la température chute. Un coureur me demande si ça va. Je lui explique mes symptômes. Il me demande si j'ai pris du sel. « Deux à trois capsules tous les 5 km », je lui réponds. Il m'explique que c'est à cause de l'excès de sel que j'ai ces problèmes, que le corps emploie toute l'eau pour éliminer le sel. De ce fait, l'organisme n'évacue pas les déchets et n'arrive pas à s'hydrater. Il me dit qu'il a commis la même erreur au 100 km de Millau, et qu'il abandonna au 90ème kilomètre. « J'espère que tu arriveras à terminer ». Et sur ce, il continua sa course...

Il faisait noir de noir. J'avais froid, terriblement froid. À la vitesse à laquelle j'allais, j'en avais encore pour quatre heures. Un coureur et son accompagnatrice vélo arrivèrent. J'arrive à prendre sa cadence de marche une cinquantaine de mètres. On discute. Sa femme sort de son sac à dos une veste et des gants et me les donne. Je leur dis que je leur les rendrai à l'arrivée. Mais ils décidèrent de rester avec moi. Il s'appelle Jean-Marc, et sa charmante épouse Lyne. Les marcheurs nous dépassent toujours. « On tient le bon bout ! » exclame une personne. Nous continuons dans la nuit glacée, éclairés par une lampe de poche scotchée au vélo de Lyne. Ils me donnent ce qu'ils leur restent de réserve de nourriture.

Au 90ème kilomètre, je n'en peux plus, je suis vraiment à bout. Jean-Marc me dit : « attends j'ai un portable, je vais appeler l'organisation pour qu'ils viennent te ramasser ». Sur ces paroles et pendant qu'il chipote dans le sac à dos de Lyne, j'accélère ma cadence et prend trente mètres en criant : « en avant ! Ça roule ! ». Ils me rattrapent s'inquiétant de ne plus m'avoir vu pendant une minute.

Je commence à me rendre compte que j'ai dépassé les limites, toutes les limites. J'entre en territoire dangereux. Je réalise que ça devient de la folie de continuer. Je marche de plus en plus difficilement. Je ne sens plus mon corps, excepté la douleur. J'ai froid, je suis gelé. J'ai l'impression que je vais m'endormir debout, là, en marchant, avec la douleur...

A l'avant dernier ravitaillement, on s'arrête pour manger une soupe régionale. Je repars avant eux, car mes jambes se cristallisent si je ne bouge pas. Une fille au balcon de chez elle me voit et cria : « maman, maman, vient voir ! ». Je crois que je ne ressemble plus à rien. Je mets un pied devant l'autre, grattant les derniers kilomètres mètre par mètre. Lyne a peur que je m'effondre, alors elle donna le vélo à son mari qui le poussait. Ainsi, elle me prit par le coude pour me soutenir.

Une voiture se met à notre portée et une caméra amateur nous filme... il reste 4 km. Je dis à mes nouveaux amis que si je réussis, je leur dédie ma victoire.

Dernier ravitaillement. Les gens me regardent comme s'ils voyaient un extraterrestre. Jean-Marc me pioche de la pizza et des gaufres, tandis que je bois du coca. Lyne me soutient toujours par le coude. On arrive au pied de la montée finale. Plus que 2 km et c'est l'arrivée. On parle déjà d'une bonne douche, et de dormir. Oh oui dormir !

Plus que 200 mètres... Plus que 50 mètres... le coureur du 85ème kilomètre m'accueille, en me disant qu'il est content de me voir. On passe la ligne d'arrivée ensemble. Ça y est j'ai fini... J'ai réussi à finir un 100 km !

Je remercie Jean-Marc avant de me faire passer la médaille autour du cou. Lyne m'accompagne au stand des massages. Je demande tout de même au toubib de me faire un check de la pression artérielle. 14/08, tout va bien. Je m'allonge et le kiné me parle, et je mets toute ma concentration pour l'écouter. Il me dit : « c'est toi le fou dont tout le monde parle ». Je ne sais pas s'il plaisantait, ou s'il avait vraiment entendu des échos sur un coureur à la démarche originale... Après le massage, il me donna même la couverture qui me protégeait du froid. Je ne pouvais même plus soulever les jambes à plus de dix centimètres du sol.

Jean-Marc et Lyne me raccompagnèrent, moi et ma voiture jusqu'à la ferme où je logeais. Je les remercie dix mille fois en leur disant qu'il y en a peu des gens comme eux, et leur souhaite bon retour, bonne nuit et à bientôt !

Voilà, je suis centbornard. Peut-être un des plus jeunes. Mais cela n'a pas d'importance. Je suis allé une fois de plus à l'Extrême, j'ai dépassé toutes mes limites. Je suis allé au bout du bout de moi-même. Plus loin je n'en sais rien, je ne sais plus quoi penser... Il paraît que j'ai joué avec ma vie. L'excès de sel m'a plongé en déshydratation, 10h de déshydratation... Mon corps ne pouvait plus évacuer les déchets car l'eau se concentrait pour éliminer tout ce sel. Mon organisme s'intoxiquait donc au fur et à mesure que j'avançais. Je ne sais plus que penser de l'Extrême. Pourtant je l'ai atteint...

Tout ce que je pensais réel devenait une illusion. Les barrières étaient franchies, les limites n'existaient plus. Après autant de mois de préparation intensives en vue d'un seul objectif, maintenant atteint, que vais-je faire ? Un sentiment de vide et d'ennui m'envahit. La vie sans l'Extrême me semble monotone. Les choses de la vie quotidienne m'apparaissent sans intérêt par rapport à avoir réalisé l'impossible réellement.

Je n'étais qu'un légume obèse qui bave deux ans avant. Je me suis construit par moi-même, sans entraîneur et surtout sans aucun encouragement. Il y avait même un troupeau d'amateurs contre moi qui tentait de me décourager... Les jaloux le seront encore plus après ce qui va suivre...

L'Extrême se mérite par l'entraînement quotidien, plus d'une dizaine d'heures par semaine. Les sacrifices alimentaires sans aucune dérive pendant des mois. C'est le Dieu de mon univers, et je pars à sa recherche dans ma quête.

L'Extrême détient un caractère fort secret. Généralement, les gens qui le vivent au quotidien gardent leurs émotions, leurs sentiments pour eux. C'est un domaine bien trop personnel. Les expériences sont bien trop fortes. Partir à la conquête de l'impossible fait appel à toutes les ressources qui fondent l'individu : la base du « qui suis-je ?». Pas étonnant qu'on ressorte complètement transformé d'une telle expérience. Nous vivons dans une certaine conception personnelle du monde et de la vie. Celle-ci est définie par une série de limites dans lesquelles nous existons. Vouloir repousser ses limites, c'est vouloir défier tout ce qui forme notre être. On se remet complètement en question. Nous partons à la conquête de nous-mêmes.

Courir à l'Extrême est donc une recherche intérieure. On est loin du sport proprement dit. Loin, tellement loin... Nous sommes dans le domaine de la philosophie, de l'existence, de l'omniprésence divine. Courir, dépasser toutes ses limites, aller au bout de soi-même, tout au bout... Et trouver dieu ? La bible nous rappelle que son royaume est en nous. En partant à la conquête de soi, on peut effectivement aller très loin. Mais il faut y croire, il faut avoir la foi. La volonté n'est que l'étincelle de la foi. Elle peut briser tous les obstacles, nous faire déplacer les montagnes. C'est parce que nous y croyons que nous arrivons à réaliser des exploits. Et ainsi, à nous réaliser nous-mêmes.

Mais l'exploit n'est-il pas au fond un miracle ? La foi est une forme d'alliance avec dieu. Mais seule l'humilité permettra de franchir de cap de l'exploit, et un miracle pourrait alors peut-être se produire... Repousse-t-on les limites de l'humain ? Non, c'est simplement comprendre ses possibilités en accédant à une sagesse universelle.

En courant l'impossible et en le transformant en possible, nous atteignons un autre niveau de conscience. Les sphères de l'existence sont infinies. Les capacités de l'homme également. Là est la base de l'évolution. Bien évidemment, les limites existent. Il faut garder les pieds sur terre et rester réaliste. L'humain est homme avant tout, avec ses limites universelles. Ne pas prendre au sérieux cela, serait s'exposer au danger de la quête de l'Extrême. Le coureur est exposé au risque de la blessure (tendinite, contracture). Une hypoglycémie ou une déshydratation excessive peut entraîner des conséquences bien plus graves. Une réaction de type collapsus peut arriver (diminution rapide de la pression artérielle). Toujours plus loin, on trouve l'évanouissement et le coma. Et aussi la limite ultime : la mort.

Tout dépend où l'on place la barre. Il faut savoir jusqu'où ne pas aller. La quête de l'Extrême est une chose tellement belle, si forte et puissante. Nous partons à la recherche de la source. Il n'est pas étonnant qu'après avoir réussi une course extrême, nous soyons complètement déphasés. Les choses de la vie nous semblent si banales. Elles perdent de leur sens. C'est l'occasion de refaire connaissance avec la simplicité.

Et l'ultime limite : la mort ? Si un coureur décide de ne pas respecter les avertissements de son corps et de continuer coûte que coûte ? Ça ne regarde que lui, lui et son histoire, son passé. Pourquoi serait-il prêt à tout sacrifier pour connaître et dépasser l'ultime limite ? Il y a autre chose au delà de la mort. L'Extrême est la plus belle expérience qui peut arriver dans la vie. Le vivre et en mourir n'a rien de dramatique. Il y a toujours une suite vers un autre univers. L'univers où l'âme sera libre pour l'éternité...

La course à pied est un sport qui apporte le bien-être et la santé. Le bien-être éprouvé en courant peut être très fort. Courir devient ainsi une réelle passion, qui prend tout son sens car il se pratique par pur plaisir. Au-delà de l'aspect physique, il y a le mental. La volonté et le courage sont les qualités motrices du coureur. L'un comme l'autre peut être entraîné et préparé.

Nous recherchons tous à accomplir des choses vers l'avant. Le désir d'évoluer, de se surpasser est présent en chacun de nous. En voulant courir et repousser nos limites, nous partons à la recherche de nous-mêmes. C'est comme partir en guerre, pour affronter et vaincre son pire ennemi : soi-même. Courir est donc un combat sur soi. Il faut énormément de force intérieure pour réussir. La volonté et le courage sont les acteurs principaux de notre réussite.

Nous vivons dans une conception personnelle du monde et de la vie. Celle-ci est définie par une série de limites dans lesquelles nous existons. Vouloir repousser ses limites, c'est vouloir défier tout ce qui forme notre personne. On se remet complètement en question. Notre vision du monde et l'existence changera et progressera.

Défier les limites de l'homme demande plus que de la force, elle fait appel à notre foi. Si on y croit de tout son corps, de toute son âme, l'impossible deviendra réalisable. L'extase sera au rendez-vous. Voilà le bonheur de la course à pied extrême. La source se trouve là-bas, loin, très loin, tout au bout de soi. Sorte d'illumination, elle nous apprend que l'homme est capable de réaliser des choses d'une incroyable beauté. Ses capacités sont illimitées, en restant quand même terre à terre. On peut tout réussir si on le veut vraiment. Mais il faut y croire, et s'investir totalement dans ce que l'on fait.

L'Extrême s'étend donc bien au-delà de la course à pied. On peut le trouver dans beaucoup d'autres choses, des actes qui remettent en question la dimension humaine. Et celle-ci est immensément grande et belle. Ce territoire ne connaît aucune limite. Il est là, attendant d'être exploré un peu plus, pas à pas, jour après jour... L'humilité sera notre guide, qui nous conduira au bonheur suprême... Jusqu'à l'Extrême !

Il y eu encore beaucoup de compétitions organisées auxquels je participais. Je courus « la Transardennaise » : un raid-étapes de 160 km en 4 jours dans les Ardennes belges. Je vis de beaux paysage et pris de belles photos, j'avais toujours sur moi mon appareil de photos jetable. Je terminais en totalisant 15h45 pour la distance de 160 km, soit une moyenne de 10 km/h sur un bon relief.

Après trois années depuis mes débuts sportifs, je décidais de participer au triathlon Ironman de Roth en Allemagne : 3,8km de natation, 180km de vélo, et 42,195km de course à pied. C'est le triathlon complet ! Comme lors de sa création par une bande de marines qui s'étaient lancés un défi physique.

J'avais vu les exploits de ces triathlètes à la télévision dans l'Ironman d'Hawaï. Je fus impressionné par leur détermination et le fait qu'ils n'abandonnent jamais malgré les difficultés. A la fin du reportage, le présentateur disait : « ils peuvent le faire, vous pouvez le faire ». C'était clair et décidé pour moi : « je veux devenir un Ironman ! ».

Je me préparais pendant huit mois pour cette compétition qui sera mon premier triathlon. Autant commencer par la totale, le complet! Je commençais la natation, mais je nageais comme une pierre en découvrant le crawl ! Mes bras tournaient comme les hélices d'un hélicoptère. Avec persévérance et au fil des semaines et des mois, je pus correctement respirer durant mes séances. En effet, il faut souffler dans l'eau et inspirer en trois temps (trois mouvements de bras) hors de l'eau... Je parvenais à nager 15 minutes, puis 30, jusqu'à enfin pouvoir nager 1h30 sans m'arrêter !

Pour le vélo, j'achetais un vélo de course en aluminium d'un poids de 10 kg. Je montais dessus un cadre de triathlon pour pouvoir adopter la position ergonomique et aérodynamique du triathlète. Je faisais des sorties de 40 km à 30 km/h de moyenne. Je continuais aussi à courir bien sûr, toujours des sorties de 20km en forêt de Soignes. Je m'entraînais au moins 10h par semaine pendant huit mois... Avec aussi pour la deuxième fois, la course de 100 km à Belvès, Périgord, en avril : je terminais en bonne santé en 14h27. Je confirmais ainsi que c'était bien l'excès de sel qui avait posé problème pour mon premier 100 km de l'année passée...

Je me lançais donc dans l'Ironman de Roth en juillet 2001. La natation commençait dans un canal avec plusieurs départs successifs pour éviter l'effet « machine à laver ». Ma combinaison me protégeait du froid et permettait une meilleure flottaison. La nage était donc facilitée avec l'équipement adéquat. Après 1h13 minutes, je finis les 3,8 km et sortis de l'eau.

Ensuite, je pris mon vélo dans le parc et m'élançais pour deux boucles de 90 km, soit 180 km à rouler. Il faisait plutôt chaud et je m'hydratais beaucoup. Les ravitaillements étaient fort bien organisés. Après 7h30 sur la route, je clôturais la phase 2 de l'Ironman. Je descendis du vélo et mes jambes continuaient à tourner toutes seules, je ne pouvais pas courir de suite.

Phase 3, il reste un marathon (42,195 km), je commençais en marchant pour délier les muscles de mes jambes. J'alternais course et marche car la fatigue se faisait ressentir. Je mangeais des bouts de cake et tout ce que je pouvais avaler pour avoir de l'énergie. Au 30ème km, je voyais des étoiles et me sentais vraiment épuisé. Je marchais. J'arrivais à un stand où je pris un gel de glucose. Et voilà que quinze minutes après, je me voyais à nouveau courir. J'allais terminer un Ironman, bientôt l'arrivée ! La nuit était tombée lorsque je passais la ligne finale de L'Ironman de Roth après 14h08 de temps total. Je suis désormais un triathlète Ironman. J'ai réussi !

Trois semaines après mon retour d'Allemagne, je décidais de traverser la Belgique à pied d'Ostende à Arlon sur 350 km en 8 jours sans assistance...

Chapitre 3
Traversée de la Belgique

Vendredi 27 juillet 2001 : départ dans 48h. Départ de la traversée de la Belgique en solitaire... Mon projet que j'ai concrétisé en un an, jour pour jour, depuis le raid-étapes de la Transardennaise (160km en 4jours de La Roche-en-Ardennes à Bouillon, dans les Ardennes belges). Ce raid m'a ouvert des portes, des ouvertures de conscience vers un autre monde, le monde du « possible ».

L'incompréhension des autres pour mes challenges, leur jalousie détournée n'est pas facile a gérer. Elle m'a rendu plus seul et solitaire, de plus en plus seul... Je n'ai pu compter que sur moi-même. Maintenant, Dieu seul sait où cela va me conduire ! Toujours plus loin, toujours plus longtemps, repousser ses limites jusqu'à l'Extrême. Dans quels buts ? Respirer, dépasser les critiques grandissantes, surpasser la souffrance et l'angoisse de ma vie. La société et ses modes de pensées me rebutent, je ne trouve pas grand-chose qui grandit l'âme vers un bonheur réel. Et pas grand monde qui comprend ce genre de choses. Ils sont trop aveugles par leurs soirées, leurs amusements festifs, l'alcool, la fumée, les filles...

Je remets tout en question en défendant d'autres valeurs. Ces valeurs que les gens ne comprennent pas, ne pensent pas. Ils en ignorent même l'existence ! Vous n'avez pas idée de la béatitude, du bonheur, de l'humilité qui règnent là-bas. Là-bas dans l'Extrême, ça dépasse toutes mes espérances, je ne m'attendais pas à un tel résultat. C'est magnifique, incroyable, impensable. Il faut le vivre pour y croire.

J'aimerais que vous ressentiez cela un jour, un instant. Aucune peur, aucun doute, juste de la certitude. Je suis en paix avec moi-même. Pas de colère, pas de haine... L'Extrême a changé ma vie à tout jamais. Dans quelques heures, je serai à Ostende pour mon départ. Direction Arlon, avec toutes les questions et les inconnues d'une telle aventure : Dieu seul sait ce qui va se passer, dans quelques heures... L'itinéraire, trouver son chemin, gérer son eau, sa nourriture, faire avec le soleil, la pluie, les voitures, la nature.

Le but est-il vraiment de réussir à atteindre Arlon et peut-être la frontière luxembourgeoise? Bonne question. En tout cas, je trouve que mon défi est une preuve d'énormément de choses qui se sont passées dans mon existence. Les gens ne savent même pas pourquoi ils vivent, pourquoi ils vont travailler, pourquoi ils partent en vacances. Pourquoi ? Quel est le pourquoi de l'existence ? Son sens ? Orchestré par une société plus déshumanisante que jamais... On cultive plus le profit, la frime et les moyens rusés pour arriver au bonheur que la société nous suggère. On vit sans se poser de questions, sans se remettre en question, sans progresser... Tout peut arriver en quelques heures... La concrétisation objective de toutes ses pensées, ses valeurs...

Jour 1 : dimanche 29 juillet 2001
de Ostende à Tielt

Le départ à 10h à Ostende était palpitant, mes mains en tremblaient ! La vue de la digue était magnifique : quelle espace de liberté ! Je n'ai pas eu de problème pour trouver ma route et la nationale 33. Le soleil tape dur, je sue toute l'eau de mon corps et mon coeur bat en résistance. Heureusement, je trouve toujours de l'eau et du coca aux pompes à essence et aux moments où j'en ai besoin. Les gens m'accueillent avec le sourire... Il y a de quoi!

J'ai fait des pauses tartines à une friterie, une pompe à essence, sans jamais me tromper de route. Mais qu'est ce qu'il a fait chaud ! Je crois que j'ai un coup de soleil. En tout cas, j'ai des couleurs ! On va me demander : « où es-tu parti en vacances ? ». « Au monde des fous ».... C'est insensé! Je me suis posé la question plus d'une fois : « qu'est-ce que je fais ici ? Téléphone et rentre ! ». Mais je trouve un sens à tout cela dans les rencontres avec les autres et ils ne me prennent pas pour un fou en plus ! J'ai atteint Koolskamp à 16h. Mais je n'ai pas trouvé de logement.

J'ai continué sur Pittem, puis Tielt à plus de dix kilomètres en prolongation, pour trouver les deux hôtels fermés que l'on m'avait conseillés. Je continue jusqu'à 19h15 pour atterrir dans un café-restaurant. Une dame à vélo qui m'a proposé le gîte me l'avait indiqué. Après avoir discuté avec la patronne et sa mère, elles ont passé le mot et je trouve enfin un logement chez un serveur. Encore un peu, soit je passais la nuit à la belle étoile, soit mes parents venaient me chercher car ils ont peur que je me fasse tout voler.

Il est 21h38, j'attends 23h... L'heure où le serveur finit son service pour m'arranger avec lui. Quelle journée, je suis fatigué, mais je commence à savoir ce que je fais ici. Il fait bon vivre à Tielt chez nos amis flamands. C'est mon projet. Je pense à des films tels que « Forrest Gump », « une histoire vraie », à ces autres coureurs qui osent se lancer à l'aventure : Dieu a fait ces gens, et tous les autres. Ce n'est plus une quête solitaire, les autres sont là, et sont fantastiques de bonté et de compréhension ! C'est un rêve, je vis dans un rêve. La dame qui me donne de l'eau dès que je lui dis que je viens d'Ostende... Ces gens dans les cafés que je croise, qui me renseignent toujours la bonne direction...

Je ne savais plus que cela existait, je pensais que tout le monde était mauvais et veule, et bien c'est faux. Et voilà la preuve réelle, noir sur blanc. Le soleil se couche depuis ma table du restaurant et m'offre un ciel rose. Voici donc mon histoire, voici donc mon aventure qui a commencé et continuera demain. En tout cas tout se passe comme si quelqu'un me soutient et me protège et me comble dans mes besoins à l'instant où il y a difficulté. Les relations humaines participent à mon bonheur. Je ne suis plus tout seul à courir. Au fur et à mesure que j'avance, je trouve des raisons de continuer. C'est dingue de penser que c'est réel ce que je vis maintenant.

Jour 2 : lundi 30 juillet 2001
de Tielt à Oudenaarde

J'ai pris le petit déjeuner avec Kouhn et sa mère qui a eu un grave accident à la jambe. J'ai dormi dans la chambre de sa soeur de 26ans partie, mariée... Quelle journée ! Le soleil était de plomb comme hier. Je suis à la limite du coup de soleil. Je suis enfin passé devant une pharmacie pour acheter de la crème solaire.

J'ai pris deux photos des champs à Oudenaarde, visité l'hôtel de ville, la grand place... Le menu du jour était des sandwiches à l'américain, au crabe et des croissants sur la route. Au soir, j'ai mangé du pain au raisin et du fromage.

Je suis fatigué. Me voilà à Oudenaarde dans un gîte que l'office du tourisme m'a indiqué. J'ai fait mes courses, téléphoné, fait ma lessive, et mangé. J'ai deux grosses ampoules sous les pieds qui font mal. Je les soigne. 19h : maman me téléphone : tout va bien... Il faut encore que je m'étire.

Je suis au quart du défi. Un défi qui n'a pas de sens ? Ou qui a du sens ? Ça dépend des moments. Que vais-je retirer comme leçons de cela ? Comment les autres vont réagir ? Je pense souvent à ce que les autres sont en train de penser : du mal, du bien... Il faudrait peut-être que je fasse abstraction de tout ça pour me concentrer sur ce que cette expérience va m'apporter à moi, sans le regard des autres. « Les autres et leurs pensées après. Ma pensée m'appartient, recentre-toi ».

Je sais que ça va me désocialiser un peu plus, mais de toute façon. Si je fais ça c'est parce que la société et les gens en général me rejettent ou me critiquent. Mais c'est pas ça... Pourquoi ? C'est personnel : croire en soi, en ses capacités, avoir la foi, réaliser des choses merveilleuses, réussir. Démontrer les possibilités de la volonté. Dépasser toutes les difficultés, se dépasser. S'extasier en sueur sous le soleil qui assomme alors qu'il reste plus ou moins 220km.

Jour 3 : mardi 31 juillet 2001
de Oudenaarde à Silly

J'ai marché de 9h à 19h. Le ciel s'est couvert de quelques nuages, ça fait du bien... J'ai eu dur, chaque jour suffit sa peine. La route à travers champs, perdu sous le soleil, était dure : pas de repères. Puis à Flobecq, j'ai retrouvé mes jambes pour de la marche active. Mes jambes vont mieux aujourd'hui. J'ai moins mal. Avec des bonnes chaussettes, je n'ai pas d'ampoules.

J'ai mangé un sandwich au crabe à Flobecq... Jusqu'à Lessines. Le parcours se déroule sans problème jusqu'à Ghislenghien, où une hypoglycémie réactionnelle au coca se fit sentir. J'ai mangé au snack à 2 km de Silly. Je sonne chez le kinésithérapeute qui m'offre des pâtes, des oeufs, des bananes et la douche. Ils me conseillent le patro (mouvement de jeunesse) où se déroule la fancy-fair pour dormir. Mais je n'y ai vu personne...

Je sonne à une maison et je tombe sur un champion national cycliste. Il accepte de m'héberger pour la nuit... Maman a téléphoné. Elle est inquiète : danger, limites, sécurité, folie... Ils veulent que je rentre. Je continue.

Jour 4 : mercredi 1 août 2001
de Silly à Chapelle-lez-Herlaimont

La rétrospective de ma journée : de Silly à Soignies, j'ai parcouru 12km. J'ai fait un arrêt nourriture au restaurant du supermarché : un spaghetti bolognaise et ça repart. Le soleil est moins chaud aujourd'hui. Je redémarre sur le Roeux, puis La Louvière avec un passage difficile moralement. Ensuite La Hestre, où je sonne chez deux décoratrices pour demander où se trouvent des chambres d'hôtes. Elles me proposent le gîte mais je continue car il est trop tôt pour s'arrêter.

J'atterris à Chapelle-lez-Herlaimont à 19h... Je suis sur la route de Saint Jacques de Compostelle ! J'ai eu une crampe à l'ischiatique gauche ! Je sonne pour me loger dans un home de personnes âgées. Ça ne marche pas. J'en croise un autre, mais quelque chose me dit de continuer... Quelque chose. J'arrive sur la place de Chapelle : la police et l'hôtel de ville sont fermés.

Je vais au snack et le gérant téléphone à son ami de l'organisation Saint Jacques de Compostelle ! Ils n'ont jamais eu de pèlerin à héberger. Je suis le premier, sauf que ce n'est pas la bonne route, c'est mon petit chemin, mon pèlerinage... Je ne savais pas que je passais par la route de Saint Jacques ! Quelle chance ! C'est dieu. C'est sûr là. Il n'y a plus de doute. Je suis sous sa protection. Je n'ai jamais connu autant d'aide et d'entraide chez les gens. C'est merveilleux ! Je vous remercie tous et tous les éléments !

Une crampe survient à 1 km de Chapelle, à l'ischiatique gauche. J'ai pris directement du magnésium et j'ai fait des étirements. Le patron du snack du village me sert donc mon dîner et m'invite à attendre une personne pour mon logement. En fait, c'est le secrétaire communal du village qui m'invite à passer la nuit dans la maison communale ! Je suis accueilli comme un roi ! Il m'installe un lit de camp dépliable. Je vais dormir, je suis épuisé.

Jour 5 : jeudi 2 août 2001
de Chapelle-lez-Herlaimont à Florennes

Je prends le petit déjeuner avec le secrétaire communal. Il me demande de le recontacter si je parviens à arriver au bout de ma traversée de la Belgique.

Aujourd'hui, j'ai eu très dur moralement. Je me suis perdu dans le sud de Charleroi. J'ai fait une hypoglycémie réactionnelle et j'ai perdu une heure en détour pour tomber sur la route de Gerpinnes.

Après, je me suis relancé et les paysages superbes ont succédé, avec des petits villages bien sympathiques. Je trouve Morialmé et des champs, des chevaux. Je suis rentré dans une église et j'ai mis un cierge à la Sainte Vierge. La route nationale 975 est dangereuse car il n'y a pas de trottoir.

Ce soir, l'orage gronde, après cinq jours de soleil. J'ai eu quelques gouttes de pluie à Hanzinnes. Je me ravitaille dans un café, où l'on me conseille le prêtre de l'église pour me loger. J'ai mangé sur la place devant l'hôtel de ville : pita exotique, lasagne, coca... Je sonne chez l'abbé mais il refuse et me conseille une ferme où vivent des médecins. Après réflexions, ceux-ci acceptèrent que je dorme dans l'étable. Bonne nuit.

Jour 6 : vendredi 3 août 2001
de Florennes à Wellin

Le docteur m'a offert le petit déjeuner : pain à l'américain. Et c'est parti. Ma tête tourne, j'achète des bananes et des barres chocolatées. Ça va mieux. Aujourd'hui, j'ai marché de 8h à 18h45.

Je suis épuisé. C'est dur mentalement ! Il y a eu d'abord de la pluie au matin. La nuit passée dans l'étable fut difficile. J'ai été réveillé par un oiseau qui nichait là.

Province de
Luxembourg
Une ardeur
d'avance

La vallée de la Meuse est très belle. J'ai pris des photos a Givet. Puis, j'ai fait une pause à midi dans une friterie devant la Meuse...

Vive la France !

Je repars sur Beauraing pour atteindre Wellin. C'est difficile la galère morale !

J'atteins Wellin mais j'en ai vraiment marre. Je prends une pizza à emporter et je rejoins la chambre d'hôte où j'ai tout pour passer une bonne nuit.

C'est ma plus dure journée, avec la pluie, etc... Mon mental était loin. Mais courage, plus que deux jours, plus que 80 km! Mais quelle aventure ! Une épopée ! Une expérience inouïe... Des vacances pas comme les autres. Je suis au trois quart de la Belgique : 225km de parcourus ! C'est dingue ! Pas tant que ça, c'est réel surtout... Bonne nuit et à demain Neufchâteau !

Jour 7 : samedi 4 août 2001
de Wellin à Neufchâteau

Journée superbe dans la tête et dans les jambes ! L'euphorie est totale ! J'atteins Neufchâteau à 17h30. Le départ fut à 9h15 de Wellin. Je fis un arrêt nourriture en mangeant un spaghetti et du poulet à 13h30 pendant 1h.

Depuis Libramont, j'ai même couru. Au supermarché, une caissière me souriait étrangement. J'interprétais qu'elle se moquait de moi et qu'elle pensait que j'étais un sans-abri je crois... Non non, un athlète qui à 290 kilomètres dans les jambes.

Je me remets à courir...

J'atteins Neufchâteau 45 minutes avant l'heure prévue. Les chambres d'hôtel sont complètes. J'atterris chez les scouts ! J'ai parcouru 300Km. En avant demain pour la dernière ligne droite !

Jour 8 : dimanche 5 août 2001
de Neufchâteau à la frontière du Luxembourg

Départ en folie, nationale 40, de Neufchâteau vers 8h15. La course sous la pluie battante. Je suis gelé. J'emploie ma couverture de survie pour me réchauffer. Ça ne suffit pas, je sonne chez quelqu'un au village de Léglise et demande un sac poubelle dans lequel je fais trois trous avant de l'enfiler comme veste, et je continue. Arrêt au café : je bois un coca, de l'eau pétillante et mange des saucisses sèches. Ça repart...

Je vide tous les gels énergétiques qui me restent et marche à fond. Il fait chaud ! Je n'ai plus d'eau, la tête tourne un peu, les montées sont dures. Arlon se rapproche en kilomètres. Je continue...

Le téléphone sonne : « Rendez- vous à 15h30 à la frontière luxembourgeoise sur la nationale 4 direction Steinfort ». Arlon est passé. Je trace... Appel téléphonique de ma logistique. Ils sont en route avec maman qui avait appelé tout le monde car la voiture est en panne. Je recours et mets le paquet...

Dernière ligne droite jusqu'à la frontière en courant. Arlon s'éloigne à déjà plus de 7 km, toujours pas de frontière en vue ! Ma mère débarque dans la voiture de mon ami. Je leur dis bonjour à tous ! Je veux continuer jusqu'au panneau Luxembourg...

Je passe le panneau Luxembourg 900 mètres... Ils m'attendent tous là-bas... J'arrive, je donne, je suis au panneau, je le touche... Oui, j'ai réussi ! J'ai traversé la Belgique à pied en huit jours !

Luxembourg

Chapitre 4
Devenir kinésithérapeute

Après cette traversée de la Belgique à pied sur 350 km en solitaire, je pris conscience de beaucoup de choses. D'abord, je suis capable de réaliser mes rêves et j'ai une volonté de fer. Un proverbe chinois disait que si tu veux déplacer des montagnes, commence par les cailloux. Ensuite, les gens ne sont pas si mauvais que ça. Ils m'ont aidé sur cette traversée. Je choisis de continuer mes études pour avoir un diplôme de plus que celui de base.

Je voulais aider à mon tour autrui, la kinésithérapie est définie comme une thérapie par le mouvement. Aider les gens en bougeant ? Bingo ! Je veux devenir kinésithérapeute ! Je m'inscrivis dans une haute école bruxelloise et commençais en septembre cette formation.

Entre-temps, j'avais annoncé la réussite de ma traversée au secrétaire communal du village de Chapelle-lez-Herlaimont. Il m'envoya une invitation pour une cérémonie d'intronisation dans l'Ordre des Tchats. J'acceptais l'invitation avec joie. La cérémonie fut grandiose : des ministres, échevins, champions de sports, artistes furent honorés et décorés. Je reçus ainsi une décoration devant une salle remplie de personnalités importantes. J'avais enfin la reconnaissance officielle de tous mes efforts, de ces entraînements, de ces milliers de kilomètres parcourus !

L'année estudiantine avançait et une loi fut instaurée concernant un numerus clausus limitant le nombre de kinés sortant... Il y aura un quota de numéros Inami décernés à la sortie. Je me dis : « Même pas peur, c'est créé uniquement pour décourager les nouveaux étudiants afin qu'ils abandonnent ».

Cette nouvelle a eu pour conséquences que l'atmosphère entre les étudiants est devenue infecte. La compétition était lancée. Ça devint comme les échos que l'on entend sur les études de médecine : du chacun pour soi, alors qu'on est sensé avoir à la fin de la formation une déontologie humaine aidante. Ce n'est pas ça qui va m'arrêter et me décourager pour que j'abandonne ! J'ai eu difficile durant ces études. Intégrer la théorie, appliquer la pratique, avaler et mémoriser des textes et des textes de pure connaissance. Anatomie, biologie, physiologie, psychologie, physique, neurologie... C'est déjà plus intéressant que ce qu'on ingère durant les secondaires, mais quand même.

Les travaux pratiques étaient plus concrets : massages, mobilisations, éducation physique adaptée, techniques de rééducations physiques, neurologiques...

Je continuais en même temps mes entraînements sportifs. Quel bonheur de se délasser dans la nature après une journée passée assis dans un auditoire. Je continuais également à courir des marathons. Je fis mon record sur le marathon d'Echternach au Luxembourg. Le parcours est plat comme une crêpe. Je courais tout le long à une intensité d'environ 168 de pulsations cardiaques par minute. Ainsi, je battis en même temps mon record de vitesse sur 10 km, sur 20 km, sur semi-marathon, et au final je terminais en 3h08. Je suis 17ème dans ma catégorie d'âge.

Je recroisais les amateurs du club de jogging local qui disaient toujours : « il ne va jamais tenir cette allure »... Je me souviens que pour mon premier 100 km, les membres disaient à mon égard : « le petit jeune n'y arrivera jamais, il va se péter ». Une fois mon 100 km achevé, j'entendis encore des phrases du style : « bon les gars, il ne s'est pas cassé, mais ça va pas tarder ».

Ces personnes ne comprennent rien au sport. Je suis pour le dépassement de soi dans l'effort, pas pour détruire les autres car eux-mêmes ne sont pas capables d'y arriver. Le véritable esprit sportif est d'admirer la volonté d'y parvenir. Ce n'est pas la compétitivité entre les gens. Se fixer des objectifs et y mettre ses tripes pour réussir à les atteindre, ça c'est du sport ! Ce sont juste des jaloux, des sportifs du dimanche qui n'auront jamais le courage ni le potentiel pour faire ce que je fais. Ils font juste ce qu'ils savent faire : pas grand chose d'intelligent !

Le fait est que je m'en sortais enfin, je faisais des choses et allais jusqu'au bout pour les réaliser. J'avais des buts et je travaillais dur pour les concrétiser. Je m'étais évadé d'un asile de fou pour courir et avoir mon diplôme de secondaire enfin. Et eux, ils osaient tenter de me faire abandonner, de me rabaisser à leur valeur? Que voulaient-il ? Ma déchéance alors que je m'en sors? Me transformer de nouveau en légume qui bave drogué aux médicaments? Je remarque ainsi le potentiel d'ignorance de l'âme de certains humains... Désormais, je sais que plus rien ni personne ne pourra jamais m'arrêter ! Je suis parti pour réussir ! Et Dieu est avec moi !

Je ne parlerai pas de dopage car c'est ce que les médias exhortent à penser dès que l'effort semble surhumain et que l'appât du gain oblige. Je vois le sport comme un défi sur soi. Dès lors, comment pourrait-on tricher avec soi-même ? Ça perdrait tout le sens de l'aventure.

Je courus encore un 100 km pour y faire mon record en 13h47. A l'arrivée de cette course, je ressentis une chose : une sensation d'appel. J'ai l'envie d'aller explorer plus loin ! Je terminais frais cette course, je pouvais encore marcher facilement.

Je décidais de courir une course de 24h à St-Maixent-l'école, en France... C'était une boucle de 1 km où les coureurs tournent en rond comme un poisson dans son bocal, de 10h du matin samedi à 10h du matin dimanche. Je démarrais lentement car c'était du long. Il ne faut surtout pas partir trop vite, lentement mais sûrement.

Dans la nuit, vers les 100 km, mon nez commença à saigner et je fis un tour au local des soignants. Ma tension est normale, mais je ne veux pas prendre de risque. Je choisis de m'endormir un peu. Je me réveillais 5h après, pour continuer la course et courir encore 20 km jusqu'à 10h du matin dimanche.

Je totalisais 120 km à mon compteur. Le vainqueur vint me saluer. Il totalisait 240 km lui. Il m'appela « la relève ». Durant cette épreuve, un record du monde fut battu : un homme de 75 ans courut 175 km en 24h ! Je pris aussi l'autographe d'un italien de 83 ans, qui courut 120 km comme moi. On me dit que si je n'avais pas dormi j'aurais totalisé 150 km, qui est en fait la distance qualificative au championnat d'Europe...

Je faisais ainsi du « sport-études » tout seul, sans équipe, sans entraîneur, sans club, sans coach : juste avec mes connaissances et ma volonté. Je réussis mes années de kiné en passant correctement les examens : des blocus interminables où je ne sortais que pour courir, étudiant plus de huit heures par jour. Parfois, je n'avais même pas le temps de dormir 5h la veille de l'examen. Ce fut difficile, mais courir 100 km l'est également !

Je décidais de participer aussi à un double Ironman. C'est la distance du triathlon complet multipliée par deux, soit 7,8 km de natation, 360 km de vélo, et 84,4 km de course à pied. Dans l'entraînement, je courus encore un 100 km puis une course de 24h... Le véritable objectif était le double Ironman de Neulengbach.

En fait à 26 ans, j'étais le plus jeune mondial à m'élancer sur la distance. C'était en Autriche. Il faisait une de ses chaleurs ! Je parvins à finir la natation, mais après 100 km de vélo, j'ai eu un saignement de nez. On me prit ma tension : 25/15. Je suis déclaré hors course. J'atterris à l'hôpital sous perfusion et sortais le lendemain matin. Ce fut la première fois que je ne parvins pas au bout de l'épreuve. J'ai failli y passer dans mon hypertension. Je me dis que plus loin, c'est entre six planches... On me dit que ceux qui réussissent à finir ce genre d'épreuves se dopent. Bon, apparemment je suis clean alors.

Je fis des examens cardiaques à mon retour. Le médecin me dit avant même de m'examiner : « c'est terminé le sport». Un électrocardiogramme et une échographie plus tard, je lui demande mes résultats. Il continue : « c'est terminé ! Vous m'avez bien compris ?». « Pas vraiment non. Moi, arrêter le sport ? ». Pas en ne me disant pas mes résultats, et en me condamnant avant d'avoir fait les examens de contrôles...

Je diminuais fortement les entraînements pour récupérer, mais non je ne m'arrête pas. Je ne peux pas vivre sans sport, c'est comme manger ou respirer : j'en ai besoin pour vivre ! Je courus encore quelques marathons dont celui de Bruxelles et encore celui du Luxembourg. Il me reste encore un projet dans ma sacoche de rêves à réaliser: celui de traverser la France !

A pied, il y a plus de 1000 km et cela prendrait trop de temps. Je n'en avais pas vu mon planning d'étudiant. En vélo pourquoi pas...

Chapitre 5
Traversée de la France

Cela faisait un moment que le projet de traverser la France en vélo et en solo me trottait dans la tête. Les cartes étaient déjà tracées depuis six mois !
Le projet attendait patiemment dans mon placard le moment propice où j'allais enfin passer à l'action et le concrétiser.

Pourquoi la France ? J'avais déjà traversé la Belgique à pied en solo en reliant Ostende au Luxembourg en huit jours. Une distance d'environ 350 km. Soit plus d'un marathon (42,195 km) par jour pendant huit jours. Le tout en portant un sac à dos de six kilos. C'était pendant l'été 2001. Le pays suivant à traverser est la France. De plus, j'ai un oncle dans le sud à aller voir ! En vélo c'est original...

Pourquoi en vélo ? Les distances en France, comparativement à la Belgique, sont beaucoup plus étendues entre les villages, entre les supermarchés.
Bref, entre les endroits où je peux me ravitailler et rencontrer des personnes. Le vélo permet donc de couvrir un nombre considérable de kilomètres, et toujours uniquement par ses propres moyens.

Le matériel ? Pour assurer ma survie en territoire industrialisé, il me faut :

- Un bon sac à dos étanche et stable dans le mouvement
- Des collants pour me protéger les muscles du froid
- Des tee-shirts et des pulls de sport qui évacuent la transpiration
- Des coupes-vents et une veste réfléchissante pour ne pas se faire écraser par les camions !
- Des paires de gants et une cagoule
- Des gels et barres énergétiques
- Toilette et pharmacie
- Compléments alimentaires : protéines, vitamines et minéraux
- Cartes et itinéraires

Par souci de poids je ne prends que l'indispensable. Le tout pour un total de huit kilos... A porter des heures par jour ! J'oubliais ! Il faut aussi un vélo ! C'est un vélo de course acheté mille euros il y a six ans, et avec quelques modifications personnelles comme les roues, la cadre de triathlon, la selle en gel.

Pourquoi en solo, sans aucune assistance ? Comme ça c'est réalisable ! Il n'y a personne pour me freiner. Allez trouver quelqu'un d'autre pour me suivre... Ainsi c'est pur, c'est de l'autonomie totale.

La préparation physique et mentale ? Seulement trois semaines me suffisent pour me sentir paré à toutes les éventualités. Quelques sorties en vélo à l'extérieur, avec quelques heures de vélo d'appartement. Le tout pendant une à deux heures par jour, tous les jours sans exception. À cela s'ajoute un peu de musculation des bras et du tronc, pour supporter la charge du sac à dos.

L'entraînement commence au petit déjeuner (pris sur le vélo d'appartement) jusqu'au coucher (précédé par le massage et la séance de stretching). Le stretching est indispensable pour conserver sa souplesse, améliorer la qualité de la contraction musculaire ainsi que la puissance, augmenter l'efficacité du geste sportif et les capacités de récupérations.

L'entraînement est réparti sur toute la journée, qui est déjà remplie par mes stages de kiné, mes cours, un job étudiant (trois jours par semaine). Enfin, la préparation mentale qui n'est d'autre que de la méditation.

Le projet Philippe

Au départ, ce projet de traverser la France est un défi personnel. Une distance de 1000 km à couvrir en sept jours, soit des étapes d'une moyenne de 140 km par jour.

Le planning théorique journalier :

- samedi 25 février : de Genval à Charleville-Mezières (144 km)
- dimanche 26 février : jusqu'à Saint-Dizier (159 km)
- lundi 27 février : jusqu'à Prauthoy (136 km)
- mardi 28 février : jusqu'à Tournus (142 km)
- mercredi 1 mars : jusqu'à Vienne (134 km)
- jeudi 2 mars : jusqu'à Montelimar (118 km)
- vendredi 3 mars : jusqu'à Puyricard (144 km)

Le lendemain d'avoir ressorti les cartes de mon placard, je me suis dit : « mince, ce projet peut servir à aider mon prochain. Toute cette énergie déployée peut servir les autres ! ». Je décroche mon téléphone et me renseigne sur les coordonnées de la ligue belge de la sclérose en plaques. Je tombe sur une dame qui accepte immédiatement l'aide que je lui propose. Nous baptisons ainsi ce projet « projet Philippe ». Le jour suivant, je reçois dans ma boîte à lettre deux cents bulletins pour virements, des fascicules de la ligue et leur magazine « la clé ».

Pourquoi la sclérose en plaques ? Durant mes stages de kinésithérapie, j'ai rencontré des personnes atteintes par la maladie. Une patiente venait chaque matin effectuer sa kiné entre les barres parallèles : elle se levait péniblement marchait quelques pas en s'aidant beaucoup de ses bras, puis faisait demi-tour pour refaire quatre pas et se rasseoir dans son fauteuil roulant épuisée... Ça m'a vraiment beaucoup touché, de voir autant de souffrances se dégager de ces patients. Je tiens donc les aider par mon intervention sportive.

Je décide d'écrire une lettre pour accompagner les virements marqués « projet Philippe », et d'en faire tirer des centaines d'exemplaires pour les distribuer.

Qu'est-ce que la sclérose en plaques (SEP) ? La sclérose en plaques est la maladie neurologique la plus fréquente chez les jeunes adultes. Elle atteint plus de 10 000 personnes en Belgique. Elle est due à un dérèglement du système immunitaire entraînant un processus inflammatoire dans le système nerveux central, accompagné d'une altération par endroits, de la gaine de myéline qui entoure les nerfs.

La SEP est une maladie de longue durée qui évolue par étapes et de manière souvent très différente d'une personne à l'autre. Des gestes quotidiens effectués hier sans difficultés peuvent aujourd'hui poser problème. Des traitements améliorent la qualité de vie, la recherche scientifique progresse régulièrement. La personne atteinte de SEP et son entourage devront parfois poser de nouveaux choix pour mener à bien des projets de vie, tant au niveau familial que professionnel. Depuis 1982, la ligue répond aux demandes de toute personne concernée de près ou de loin par la SEP.

Le samedi 25 février 2006, je m'élancerai pour une traversée de la France en vélo et en solitaire. L'aventure durera 7 jours, pour un périple de 1000 km de Bruxelles jusqu'à Aix-en-Provence. Le message est clair : faire bouger les choses pour aider toutes ces personnes touchées par la sclérose en plaques, et pour qui la mobilité et l'autonomie sont diminuées chaque jour un peu plus. Il s'agit de mobiliser un maximum d'énergie afin de réunir un maximum de fonds pour la ligue belge de la sclérose en plaques.

L'Ordre des Tchats

Je fais partie d'un ordre : l'Ordre des Tchats. C'est une confrérie qui a pour but la promotion et le rayonnement de la commune de Chapelle-lez-Herlaimont. L'Ordre souhaite accueillir des personnes de qualité dévouées à sa cause, quelles que soient leurs opinions et leur idéologie, et ce dans la convivialité la plus large.

Une rétrospective de l'été 2001

J'étais en train de traverser la Belgique à pied pour relier Ostende à Arlon en solitaire. Je me suis arrêté un soir pour manger et dormir à Chapelle-lez-Herlaimont : une commune bien sympathique située pas loin de Charleroi.

Je rentre dans une friterie (la diététique avant tout !) remplir mon estomac vidé par 45 km de marche sous le soleil de l'été. Le patron me sert et m'invite à attendre un monsieur faisant partie d'une organisation importante. Et voilà que le secrétaire communal du village m'invite à passer la nuit dans la maison communale ! Une maison pour moi tout seul ! Avec : douche de luxe, frigo bien rempli. Bref, je suis accueilli comme un roi!

Après une bonne nuit de sommeil réparateur, je prends le petit déjeuner avec mon nouvel ami et repars sac au dos pour une nouvelle journée d'aventures. Peu de temps après la réussite de mon exploit de la traversée de la Belgique à pied, l'Ordre des Tchats m'invite à la cérémonie d'intronisation de leur 8ème nichée : j'ai l'honneur de faire partie des nombreuses personnalités à être élevées au rang de « chaton ».

Pour cette traversée de la France, je demande le soutien de ma confrérie. Lors du banquet de l'Ordre réunissant plus de deux cents personnalités, ils annoncent mon « projet Philippe ». Je me lève et toute la salle entière m'applaudit ! Moment intéressant de se faire acclamer par plus de deux cents personnes célèbres de par leurs qualités (ministres, champion de sport, bourgmestres, échevins).

Une vente de pin's est organisée et je distribue mes centaines de lettres apposées du virement de la ligue de la sclérose en plaques.
Beaucoup d'argent fut récolté pour aider des gens affectés par cette maladie. J'ai été interviewé par un journaliste du journal « la nouvelle gazette ». Il m'enverra l'article dès sa parution.

Je fais plein de rencontres intéressantes comme ce champion de vélo devenu organisateur de courses. Il me donne quelques conseils utiles pour mon voyage. J'ai ainsi passé une très bonne soirée. J'avais invité mon père qui s'est bien amusé, et s'est bien rempli l'estomac... Le festin fut copieux !

La médiatisation du « projet Philippe »

Le week-end précédent le départ de mon escapade, je téléphone et j'envoie des mails à tous les journaux, les télévisions : la totale ! Je reçois les nouvelles du journal « vers l'Avenir » et de la télévision locale « Tv Com ». J'invite le journaliste chez moi et il m'interviewe. J'ai droit également à la séance de photos. La veille du départ, j'accueille la télévision, et les charmantes demoiselles me font le reportage complet de mon projet et je me fais filmer sous les projecteurs pendant une heure.

Mille km contre la sclérose en plaques

Le projet prend une ampleur digne de l'action qui se prépare... Le départ est proche. L'inventaire a été revu, mon sac est bouclé, mon vélo est nettoyé et huilé dans tous les recoins...

Je suis prêt physiquement, psychiquement et émotionnellement. Une dernière nuit de sommeil sous adrénaline... Dans quelques instants, le départ de la traversée de la France en vélo et en solitaire.

BRABANT WALLON 19

Le sport, c'est son mode de vie

"Pour eux, c'est l'enfer tous les jours..."

Jour 1 : samedi 25 février
de Genval à Charleville-Mézières

Le jour « J » enfin... Ce n'est pas trop tôt. J'ai dormi six heures en tout. L'adrénaline et le stress décuplant les capacités physiques et mentales, m'ont donné trois heures d'insomnie. Je prends mon petit déjeuner et je prépare les gourdes pour le vélo.

Il fait 1 degré C° au lever du jour et le ciel bleu m'accueille. Je m'habille en fonction de la température. Je téléphone à mon oncle à Puyricard pour lui confirmer mon départ. Je le recontacterai fin d'après-midi à mon arrivée à Charleville-Mézières. Je sors mon vélo, et ma mère me prend en photo devant la maison.

8H30 : c'est parti ! Je démarre mon voyage. Direction Aix-en-Provence. Dans sept jours, je serai chez mon oncle, au chaud à 1000 km plein sud de Genval... Je me dirige vers la Hulpe, puis Waterloo, pour prendre la direction de Charleroi sur la nationale 5.

À Gosselies, je m'arrête au supermarché faire le plein de boissons. La dame qui tient le stand des gaufres à l'entrée surveille mon vélo le temps de mes achats. Je lui en achète une et discute avec deux personnes qui font la promotion de l'énergie verte.

À 12h30, je suis à Philippeville, j'ai roulé 72 km en quatre heures avec les pauses. Je ne vous raconte pas les montées à la sortie de cette ville !

13H30 : j'ai quelques coups de pompes après mon déjeuner. Le système nerveux parasympathique de l'après-repas se fait sentir. Je fais une petite sieste de vingt minutes au soleil (par terre, allongé sur une route secondaire).

J'atteins la frontière : bienvenue en France ! Sur la fin du parcours, je roule comme un fou. Il n'y a que des descentes. Je fonce à 50-62 km/h.

Je trouve Charleville-Mézières et demande à quelques personnes où se situe l'hôtel « Formule 1 ». Ce sont les motels les moins chers, et il y a tout ce dont j'ai besoin : chaleur, douche, restaurants à proximité, télévision pour m'informer des prévisions météorologiques.

Une bonne douche fumante et salvatrice, qui délasse et réchauffe ! Le bonheur absolu après une toute journée passée dans le froid à pédaler. Je me masse, je fais mon stretching et une petite sieste. Au soir, je vais me chercher une bonne pizza et le patron m'offre une salade en plus à l'annonce de l'exploit que je suis occupé à réaliser.

C'était une bonne journée et je n'ai aucune courbature. Je suis fracassé par l'effort et le déluge d'endorphines secrétées par mon corps. Le sac à dos était lourd à porter, et me provoque une douleur à supporter toute la journée. Je modifierai les réglages de sangles demain. Bonne nuit !

Jour 2 : dimanche 26 février
de Charleville- Mézières à Le Chesne

Départ de l'hôtel à 8h23. Je démarre. Il fait -4 degrés C° dehors et à l'abri du vent. De la glace se forme dans mes bidons de ravitaillements fixés sur mon vélo. J'ai les mains qui commencent à geler.

Je rajoute une paire de gants de chirurgien pour couper le vent qui me glace. Je ne sais plus me ravitailler en boisson car c'est de la glace et plus du liquide. Je demande ma route menant au village appelé « Le Chesne » à plein de monde. J'ai fait des kilomètres en trop !

À 12 km de ce village, je ressens en moi les prémisses d'une hypoglycémie. Il n'y a aucun endroit où je peux faire une pause, uniquement des champs, des granges inhabitées... Personne en vue ! Que des champs et le vent qui souffle inlassablement. Je me sens mal ! Je stresse à mort car je suis tout seul, j'ai froid. Ça fait trois heures d'affilée que je roule. Je prends des gels de glucose, des acides aminés et j'entame une barre énergétique. Je prie... Je demande de l'aide d'urgence...

Une voiture arrive et s'arrête immédiatement. Le monsieur me dit : « est ce que tout va bien ? Je pratique aussi le vélo et je t'ai vu mal, veux-tu que je t'emmène. J'ai même la remorque pour prendre ton vélo... ». Je le remercie de s'être arrêté et lui parle de mon projet de traverser la France en solitaire. Je lui demande : « combien de kilomètres y a-t- il encore jusqu'à Le Chesne ? ». Il me dit : « il reste 4 km jusqu'au village. Là-bas, il y a des cafés, des restaurants, tout ce qu'il faut ! ».

Je me renseigne sur mon état interne vis-à- vis de mon apparence externe : « est-ce que je suis blanc du visage ? Est-ce que j'ai les lèvres cyanosées ? Est-ce que j'ai le regard vague ? ». Toutes les réponses sont négatives. Je décide de refuser sa proposition de me faire déposer en voiture jusqu'au village et le remercie encore pour m'avoir rassuré sur mon état. 4 km à rouler, ce n'est vraiment pas loin...

J'ai la tête qui tourne. J'ai l'impression que je vais m'évanouir. Je débarque dans le premier café que j'aperçois. Je suis en hypoglycémie. J'explique brièvement ce qui se passe en commandant un coca et un sandwich. On me dit que je suis tout blanc. Je déballe un article du journal « vers l'Avenir » racontant toute l'histoire que je ne suis plus à même d'expliciter.

Je suis de plus en plus mal. J'ai l'impression que je vais claquer. Je m'allonge sur la banquette et surélève mes jambes, pieds posés carrément sur la table ! Une douleur dans l'épaule gauche... Je stresse en appréhendant un malaise cardiaque. Je demande à la dame d'appeler un médecin. On est dimanche, il habite loin. La dame lui explique par téléphone tous les symptômes que je lui dicte, stressé à mort. Il conclut que ce n'est qu'une hypoglycémie qui va passer.

Finalement une infirmière arrive pour me faire un check de ma tension artérielle : 13/11 à gauche et 14/11 à droite. La pression diastolique est trop élevée. Le médecin rappelle et demande qu'on me conduise à l'hôpital. Les pompiers débarquent, déplacent les tables. J'ai ma saturation à 100 donc ça va. Les vertiges sont toujours présents. En voiture pour l'hôpital de Vouzier ! On me fait un électrocardiogramme et une prise de sang (5 tubes).

Je mange des pâtes, du lapin, et comme dessert une tarte à l'abricot. C'est pas mal la nourriture d'hôpital... Je fais une petite sieste digestive. À mon réveil, les résultats sanguins arrivent : tout est normal, à part ma glycémie qui était toujours limite à mon arrivée.

Je sors de l'hôpital et me fais reconduire en taxi au café du village où la patronne a conservé mon vélo. La dame du taxi m'offre la course ! Plus de cinquante euros de don pour ma cause. J'explique à la patronne que mon état est satisfaisant et que j'ai l'accord médical pour continuer ma traversée. Si je choisis de continuer, après cette mésaventure... J'ai eu la peur de ma vie tantôt dans les champs. Je prends une chambre (c'est un hôtel-restaurant). La nuit porte conseil... Je mange deux délicieux sandwichs cornichon-saucisson sec et au lit !

Jour 3 : lundi 27 février
de Le Chesne à Givry-en-Argonne

Je me réveille. Ma décision est prise : je continue ! Je contacte mon oncle pour l'en avertir. La famille est bleue de peur pour moi. Dehors, il y a du givre et il fait toujours aussi froid. Je rajoute un collant, un coupe-vent et une paire de gants supplémentaires.

Départ du café « La Charrue d'Or » à 9h40. Ça roule ! J'arrive à Vouzier (là où j'étais à l'hôpital la veille). J'achète des barres de céréales et des boissons chez un marchand bien optimiste. Je téléphone à mon oncle. On décide de multiplier la fréquence des communications car c'est du sport qui vient d'atteindre la stade de l'Extrême. Rassurer ma famille sur ma progression devient nécessaire. Normalement, ils ont l'habitude de me voir réussir des choses invraisemblables. Mais, dans ce cas-ci, il vaut mieux prévenir comme qui dirait...

Maintenant je fais des pauses toutes les heures. Je traverse des villages aux noms peu connus. Après une heure, je dois m'arrêter pour mon break, faire redescendre mes pulsations cardiaques et manger de la nourriture un peu plus solide que mon eau glucosée et mes bouts de barres énergétiques (un peu écoeurantes à la longue).

Je passe devant une ferme et demande à la vieille dame si je puis me réchauffer chez elle un bon quart d'heure. Elle accepte volontiers et m'invite auprès de son poêle... « Les hommes sont partis et il faut s'occuper des vaches » : me dit-elle. Après m'être réchauffé et avoir avalé un sandwich sorti du fond de mon sac datant d'avant-hier, je remercie la dame et repars.

Tout va bien au niveau de ma glycémie. J'arrive à 3 km de Sainte-Ménéhould. Je suis en panne sèche d'eau. Je sonne à une maison. La dame m'ouvre : « tu arrives à l'heure du café, nous venons de terminer de déjeuner. As-tu déjà manger? Si tu étais arrivé plus tôt nous t'aurions bien proposé le repas », me dit-elle. Je suis invité à la table familiale avec le papa, la maman et leur fils. Un bon petit café bien chaud ne se refuse pas ! Je fais la connaissance d'une famille bien sympathique. Le plein de mes bidons d'eau et en avant !

À Sainte-Ménéhould, je mange dans un snack une quiche, un hamburger et une pizza. Le grand air, ça ouvre l'appétit... J'atteins Givry-en-Argonne. J'achète des boissons et des biscuits. Direction Bar-le-Duc à 35 km pour la fin de mon étape du jour... Mais 5 km plus loin, un rayon de ma roue arrière casse. Je suis obligé de m'arrêter au milieu d'une route perdue dans la campagne.

Je fais du stop et une petite prière... La première voiture qui arrive avec trois passagers à bord me prend.

On met mon vélo dans le coffre. C'est qu'il y a de la place dans une Mercedès... Ils me reconduisent sur mes pas à Givry-en-Argonne, au garage de voiture « Laurent ». Ils n'ont pas de rayon de remplacement car les miens sont spéciaux. J'avais choisi des roues de compétitions. Ce sont les plus légères, les plus rapides, mais les moins solides aussi !

Il est 16h, je m'arrête à l'hôtel-restaurant « l'Espérance » pour la nuit (il porte bien son nom). Le patron me signale qu'un de ses clients vient chaque matin prendre le café avant de se rendre à son travail à Sainte-Ménéhould. Là-bas, je trouverai un magasin de vélo pour réparer. « Il acceptera de t'y conduire », dit-il.

Je prends une chambre, la dernière de libre. Programme habituel : douche chaude, massage, stretching et sieste. Au soir, le menu de gala : tourtes aux champignons, canard aux coquillettes, fromage et dessert. Je révise mon planning kilométrique journalier, je dois rouler 154 km par jour pendant cinq jours si je veux finir dans les temps et remonter en train pour être à mes cours de kinésithérapie lundi !

La météo annonce « zone orange » pour demain, dans la région où je me situe...

Jour 4 : mardi 28 février
de Givry-en-Argonne à Saint-Dizier

Réveil 7h. Je prends le petit déjeuner composé de croissants, baguettes et double chocolat chaud. J'attends Bruno pour qu'il me conduise à Sainte-Ménéhould jusqu'au magasin de vélo pour faire réparer mon rayon cassé hier. Il y a cinq centimètres de neige dehors. les sports d'hiver quoi ! Je savais bien que j'aurais dû traverser la France en traîneau. C'est beaucoup plus pratique que le vélo ! La météo annonçait en plus de la neige et de l'alerte orange, les températures les plus froides de la France dans la zone où je suis...

Bruno arrive enfin au café. Je règle le patron et on démarre vers Sainte-Ménéhould. J'arrive au magasin où le gérant répare façon « fabrication maison » ma roue équipée de rayons spéciaux et introuvables. Voilà une semaine, ils avaient accueilli chez eux un cycliste solitaire parti de Paris pour se rendre en Chine ! Il passait dans le magasin pour se changer entièrement car il était trempé jusqu'aux os. C'était un riche avocat d'une cinquantaine d'année avec une vie bien remplie. Avis aux volontaires ?

10H40 : départ vélo sous la neige fondante pour Givry. C'est la deuxième fois que je fais ce trajet. Les flocons tombent de plus en plus et la neige commence à tenir sur le sol. Le temps est épouvantable. Impossible de rouler. Je suis seul au milieu de la brousse, bloqué !

Il neige à gros flocons et concernant le paysage, c'est « Val d'Isère ». Je m'estime en danger avec comme unique choix de survie de faire du stop. Le troisième automobiliste me prend. Il s'appelle Pablo : un jeune étudiant en architecture qui a l'habitude des plans galères. Il revient d'une soirée, encore un peu bourré. On embarque le vélo à l'arrière et il décide de me conduire jusqu'à Bar-le-Duc. Bientôt, les routes se couvrent de cinq à dix centimètres. Heureusement, sa « pablomobile » est équipée de pneus-neige ! Ça passe tout juste.

On discute tout le long de la route. Je fais la connaissance d'un guindailleur grand amateur de bières. Il me raconte toutes les aventures galères qu'il a vécues. À chaque fois, sa bonne étoile l'en a sorti miraculeusement. Il me débarque au fast-food de Bar-le-Duc. J'insiste pour lui offrir un billet et le remercie de m'avoir sauvé la vie. Je mange quelques hamburgers et tente de fermer les yeux trente minutes. Ma sieste est interrompue par des enfants en train de jouer. Il neige toujours. Les routes sont plus ou moins praticables, pour les voitures du moins...

Je démarre et parviens à atteindre Saint-Dizier situé 22 km plus loin. C'était juste à temps, car il continue à neiger à gros flocons recouvrant tout. Douche, massage, étirements, sieste et souper. J'ai deux jours de retard sur mon planning prévu. Il reste 700 km et quatre jours pour les boucler.

C'est vraiment la pire des galères que j'ai jamais connue de toute ma vie. Pourquoi continuer ? Quel est le but de cette expérience ? Est-ce que ça vaut le coup de risquer sa vie ? Pourquoi je ne prends pas des vacances comme tout le monde : avec des palmiers, une piscine, et la mer ? À quoi ça sert de faire des trucs extrêmes ?

Tout ça n'a vraiment aucun sens. Mais, je ne peux pas abandonner. Les gens me regardent et seront avertis via les médias. Je passe sur scène comme au théâtre. C'est trop tard, je dois finir ce que j'ai commencé. Et puis ce projet est pour la bonne cause...

Jour 5 : mardi 1 mars
de Saint-Dizier à Chaumont

Départ de l'hôtel « Formule 1 » de Saint-Dizier. L'état de la route est un amalgame de neige reposant sur de la glace. C'est la limite extrême pour passer avec un vélo de course. Je prends les grands axes. Ce sont les plus déneigés et le va-et-vient des voitures trace la route. Je suis sur la nationale 67. Je roule dans les traces des camions : quarante centimètres de largeur pour passer, et de la bouillasse brune de neige à moitié fondue pour le reste.

Les camions n'arrêtent pas de me dépasser. La voie est serrée entre eux et moi. Je me déporte au maximum sur la droite pour les laisser passer. J'avance à 40 km /h. Soudain, j'ai le malheur de rouler une fraction de seconde dans la bouillasse brune. Je dérape dans un mouvement oscillatoire. Je vois les roues du camion aussi hautes que mon vélo, passer à 50 centimètres de mon corps. Ma vie se déroule devant les yeux. Je prie la Sainte Vierge de me laisser en vie.

Je quitte la nationale 67 et ses camions. J'entre dans un petit village et je trouve une boulangerie. Arrêt boisson et nourriture. Je mange deux pains fourrés au thon et me refais une petite santé après mes émotions de la matinée. Je continue. Les températures montent et la neige a bien fondu. Les routes sont dégagées maintenant. Seuls les bas-côtés sont encore recouverts.

J'arrive au supermarché de Joinville. Je sympathise avec la dame du pressing. Elle surveille mon vélo le temps de mes achats. Dans le bureau principal, je rigole avec les employés du magasin de mon aventure galère. Le ciel est bleu et je continue. Je sens un coup de barre et une hypoglycémie arriver vers 13h. Je suis à proximité d'un village. Pas d'hésitation, je quitte mon itinéraire pour trouver un petit café. Je suis épuisé. Deux chocolats chauds et une heure de repos vont me remettre d'aplomb. Le patron m'offre un petit sachet de sel pour compenser les pertes en électrolytes essentiels.

J'ai déjà roulé 65 km. Je suis à 22 km de Chaumont. Ce sera mon étape pour cette nuit. 10 km plus loin, je trouve une cabine téléphonique. Je contacte ma logistique. Mon oncle confirme par une recherche internet qu'il y a un hôtel « Formule 1 » à Chaumont. Je trace sur la bande des pneus crevés d'une nationale. Mon paysage n'est qu'une longue ligne droite vers l'horizon, avec le ciel, les nuages, le soleil... Des prémisses d'une hypoglycémie arrivent à nouveau. Je suis à 5 km de Chaumont. Il n'y a que des montées, et des montées partout !

Hypoglycémie à 2 km de l'hôtel. Je rentre dans une librairie et dégaine un coca du frigo. Je transpire abondamment. La dame m'invite à m'asseoir sur une chaise. Je préfère m'asseoir carrément par terre pour ne pas tomber plus bas. Je me présente en lui tendant mon article de journal. Je suis un peu palot du visage. Je suis à cinq minutes à vélo de mon étape de nuit. Je mange un sandwich acheté auparavant.

Vingt minutes après, je prends congé de cette charmante dame en la remerciant pour son secours. Elle m'offrit ma boisson. J'arrive enfin au « Formule 1 ». Je contacte mon oncle : douche, massage, stretching, sieste, pizza, télé et dodo!Merci à mes anges gardiens de m'avoir sauvé la vie aujourd'hui. Beaucoup de personnes m'aident à aider, dans ces conditions extrêmes. Elles sont merveilleuses.

Jour 6 : jeudi 2 mars
de Chaumont à Langres

Réveil 6h30. Petit déjeuner. Je dors debout ! Il fait -4 degrés au lever du jour. Je ne le sens pas du tout de partir maintenant. Je téléphone à mon oncle pour lui dire que je me rendors encore pendant deux heures.

Réveil 10h30. Deuxième petit déjeuner. Départ à 11h27. Je roule sur une départementale qui n'est pas vraiment sur ma carte. Je commence à perdre mes couleurs. Je tombe sur le restaurant « Le Chalet ». En avant pour le menu complet ! Entrée, plat du jour, fromage et café.

Je repars sur une départementale. J'arrive à une petite station essence. La dame m'offre les boissons et même le café brûlant. Une personne d'une très grande gentillesse. J'arrive à Langres. Quelle montée! J'ai la tête qui tourne dans tous les sens. J'avale une barre et un gel. Je contacte ma logistique. Il est 16h. Je ne suis pas en pleine forme. Je m'arrête ici pour aujourd'hui. Plus loin, j'accoste une jolie française. Dommage, elle ne me logera pas cette nuit mais me suggère de prendre le temps de visiter la ville.

Je tombe sur l'hôtel « Jeanne d'Arc ». Elle et moi, on s'entend bien. Luxe tout compris pour trente euros. Je fais ma grosse lessive, profitant du radiateur à chauffage central pour le séchage. Les autres hôtels n'étaient pourvu que de radiateurs électriques, peu pratiques pour faire sécher autre chose que mes chaussettes !

Situation et planification de ma traversée : avec toutes mes pauses, je n'avance qu'à une moyenne de dix kilomètres à l'heure. Mais si je ne les fais pas, je tombe en hypoglycémie et me mets en danger... Je veux juste finir, peu importe les jours qu'ils me restent à faire. Je dois finir ce que j'ai commencé. J'ai roulé 400 km. Il me reste 600 km.

Jour 7 : vendredi 3 mars
de Langres à Dijon

Mon budget financier est limite à sec. Il me reste 25 euros en poche. Normalement je devais arriver aujourd'hui chez mon oncle. Là, je ne suis même pas à la moitié. Mes parents ont accepté de m'aider pour que je puisse continuer mon projet. J'attends un transfert sur mon compte. La patronne de l'hôtel m'offre le café, et je démarre une nouvelle journée sous la neige qui fond sur la nationale 74. Petit arrêt au supermarché de Longeau. Je discute avec la caissière, en m'alimentant. Je mets mes gants de chirurgien pour me protéger de la pluie qui n'arrête pas. Je continue, trempé jusqu'aux os.

J'arrive à Prauthoy (étape n°3 du planning théorique de ma traversée). Je trouve le café-restaurant du village. Je me change complètement dans les toilettes. Le patron me cuisine un plat de pâtes de la taille d'un saladier. J'arrive à avaler trois assiettes, sans pouvoir terminer le reste. Je n'avais jamais mangé un spaghetti bolognaise aussi délicieux ! Il téléphone aux journaux locaux. Mais hélas, je partirai avant leur arrivée.

Direction Dijon. En tout cas, il fait sec maintenant. Je fais une pause sieste à un arrêt d'autobus. Le vent souffle de face à 70 km/h. Je suis collé au sol. Même dans les descentes, je dois pédaler comme un bourreau pour avancer. La pluie commence à tomber à nouveau. J'ai une volonté qui se dégage de mes tripes, une volonté à déplacer les montagnes! Je suis dans mon élément, dans l'Extrême.

J'atteins Dijon. Je passe devant un centre de la chaîne de télévision France 3. Je sonne et j'arrive dans le hall d'accueil. La rédaction n'est pas intéressée par mon projet. Je trouve l'hôtel « Formule 1 »pour la nuit, juste avant que le ciel ne déverse ses torrents de pluie.

J'ai roulé 70 kilomètres aujourd'hui. Mon oncle me rappelle que les spaghettis me font plus d'effet. La quantité de sucres lents est plus importante que dans les hamburgers ! Il suffit juste de trouver les bons restaurants qui en servent en quantité. Les français sont plutôt protéinés dans leur repas, ce qui convient moins pour mes besoins en énergie et explique tous mes précédents coups de pompe. Avec le froid, mes besoins en énergie sont fortement augmentés...

Jour 8 : samedi 4 mars
de Dijon à Valence, en train !

Une nuit très courte. Dix jeunes de banlieue ont choisi de squatter quatre chambres dans le même couloir de l'hôtel. C'est la grosse fête avec pétards et alcool à fond. Ils ont fait du bruit de 22h à 4h du matin non stop. J'ai parlé avec eux, rien a faire. J'ai appelé les flics qui se sont déplacés, rien à faire. Finalement, j'ai discuté avec le plus réceptif d'entre eux et ils se sont calmés. Ils étaient surtout de plus en plus calme grâce à tous leurs artifices de fêtards. A 4h du matin, je trouve le sommeil.

Je m'éveille sous la neige encore qui n'a pas arrêté de tomber toute la matinée. Mon oncle me propose de prendre le train. Je réfléchis. Ils n'annoncent aucun changement météorologique pour tout le week-end , je ne suis qu'à la moitié des 1000 km et j'ai peut-être mes cours de kinésithérapie à reprendre ! J'accepte ainsi de rejoindre la gare de Dijon et de descendre plus au sud pour éviter la neige car j'en ai marre.

Je quitte ainsi le motel vers 11h30 en direction de la gare. Je la trouve 7 km plus loin. La neige tombante m'a frigorifié et je tremble. J'entre dans la librairie de la gare et je change mes vêtements. Je remercie la dame qui tient la boutique et j'achète un billet pour Valence ! Il est midi passé je décide d'aller manger des hamburgers ! Régime avant tout. J'ai les mains qui tremblent et pourtant je n'ai pas froid ? Cela ne me rassure pas du tout.

Une bonne sieste digestive dans le train m'a fait du bien. À Macon, il n'y a déjà plus de neige. Je descends pour mon transit vers Valence. Je compte continuer à vélo et contacte mon oncle. Il s'énerve comme quoi j'ai déjà mon billet pour Valence, que c'est de l'argent gaspillé, que j'ai des jours de retard et qu'il faut absolument que j'avance ! Je lui confirme que je prends encore le train.

Sur le quai, je scrute mon vélo et remarque une profonde rayure dans la jante de ma roue arrière. Ce sont les plaquettes de freins complètement usées qui sont occupées à bouffer mes roues ! J'aurais couru à l'accident si j'avais continué ma route à vélo. Sur mes jantes, il y a une inscription: « tout mauvais montage des plaquettes de freins peut causer des accidents et de sévères blessures ». J'aurais déjanté 10 km plus loin. Mes anges gardiens sont encore là pour me sauver.

J'arrive à Valence et je trouve un hôtel-restaurant où ils servent des pâtes. J'y dépose mon vélo et mon sac. Je pars à pied trouver un magasin qui vend des plaquettes de freins. J'arrive dans un garage auto. Le gars remue tout le garage avant de faire une recherche internet et de me sortir le plan pour joindre la boutique adéquate. Je fais donc mes courses et rejoins mon hôtel. Programme de la soirée : mécanique, douche et double lasagne à la bolognaise. À la télévision, il prévoit encore de la neige. J'examine mes cartes. Il devrait rester 220 km environ. On verra demain si je parviens à terminer cette traversée.

Jour 9 : dimanche 5 mars
de Valence à Pierrelatte

Je démarre de Valence à 7h15 après un grand café. Mon état de santé n'est pas au beau fixe car j'ai vomi à mon réveil. C'est sûrement le stress d'avoir la possibilité de finir ce périple aujourd'hui. Je trouve la N7. J'ai le vent dans le dos. Je trace la route à 40 voire 55 km/h sur du faux plat descendant. Je me sens nauséeux et ma tête tourne, je vomis une seconde fois tout ce que j'ai dans l'estomac.

Après deux heures de route, je m'arrête dans une station d'essence pour me régénérer un peu. J'ai des problèmes intestinaux sévères... Passé Montélimar, j'atteins le village de Pierrelatte.

J'ai des nausées dangereuses, je m'arrête dans un café. Chocolat chaud et café. Je ne me sens pas bien. J'ai la tête qui tourne. Je demande à la patronne d'appeler le SAMU par précaution. Ils arrivent et la médecin diagnostique sans même me toucher : gastrite. Ils me rassurent sur mon état de santé. J'ai de nouveau l'accord médical pour terminer mon exploit sportif, mais après une journée de repos. Ils me conduisent comme un prince en ambulance à l'hôtel du village. Ça fait du bien d'avoir de l'aide et des personnes à mon côté qui m'encouragent quand je suis au plus bas. J'allais abandonner tout à l'heure. Grâce à leur intervention, je finirai demain cette traversée de la France en solitaire.

Au soir, après avoir dormi toute l'après-midi, je trouve un restaurant de qualité. Les deux lasagnes d'hier soir ont certainement causé ma maladie. Je prends le menu complet : salade, entrecôte, gratin dauphinois, fromage et dessert. Je regarde un bon film pour finir la soirée. Il reste 150 km et j'aurais terminé. Oui , je vais réussir à finir mon périple... demain.

Jour 10 : lundi 6 mars
de Pierrelatte à Puyricard

il est 9h. C'est parti pour cette dernière journée à travers la France. Les nausées de ma gastrite reviennent un peu. Je m'arrête au supermarché d'Orange. Je discute avec l'agent de sécurité qui m'encourage et garde un oeil sur mon vélo pendant mes achats. Je trace. Le mistral (vent local) souffle dans mon dos mais aussi latéralement. J'avance sans effort à 45km/h. Je dois toujours garder ma concentration en éveil, à cause des rafales de vent qui peuvent me déporter d'un souffle dans les roues des camions, un mètre à ma gauche.

À Avignon, je déjeune à une station service. Je cours aux toilettes aussi... Plus loin, mes nausées reviennent et j'avais envie de vomir depuis 10 km. Je fais une pause de nouveau dans une station. Le patron vient également de sortir d'une gastrite. Il m'offre les médicaments qu'il prend lui-même encore. Enfin un traitement ! Hier, les médecins du SAMU n'en avaient pas à portée de mains et c'était difficile de trouver la pharmacie de garde un dimanche. Je roule et passe devant une pharmacie. J'achète tout ce qu'il faut et la dame me conseille sur les précautions nutritionnelles. Ne pas pouvoir s'alimenter correctement en dépensant autant d'énergie peut me causer des problèmes.

Plus que 50 km. J'avance comme un fou à tombeau ouvert. J'arrive à Puy-St-Réparade. L'arrivée est à 10 km. Je ne me sens pas bien du tout. Je prends la première maison qui vient ! Un marchand de vêtements de vélo ! Il y a trois personnes : le responsable (un ancien cycliste professionnel) et deux dames, dont l'une est atteinte par la sclérose en plaques. Je suis nauséeux, transpirant, blanc, en hypoglycémie. J'abandonne ! Le monsieur me tend des morceaux de sucre et téléphone à mon oncle pour qu'il vienne me chercher en voiture.

Une demi-heure plus tard, je retrouve mes esprits. Mon oncle n'est toujours pas arrivé. Je discute avec la dame atteinte par la sclérose en plaques... Je veux terminer ! Je dois finir ! J'ai fait des centaines de kilomètres, ce n'est pas pour abandonner à 10 km de l'arrivée finale. J'ai traversé le froid, la neige, la pluie, la glace dans mes bidons, le vent de face, les hypoglycémies, la gastrite... Je vais repartir et atteindre l'arrivée.

Je remercie mes sauveurs et prends encore quelques morceaux de sucre. En partant la dame me dit une phrase que je n'oublierais jamais, une phrase qui à elle seule suffit pour donner un sens à tout ce que j'endure pendant tous ces kilomètres : « c'est beau ce que vous faites pour la sclérose en plaques ». Je repars en leur demandant de bien vouloir signaler à mon oncle quand il arrivera ma position afin qu'il me rejoigne. J'avance prudemment. Une grosse côte qui n'en finit pas. Le soleil commence à se coucher. Je suis nauséeux et mon oncle n'arrive toujours pas. Je vais crever, là, à 5 km de l'arrivée...

Il arrive enfin en klaxonnant. Mieux vaut tard que jamais ! Je me débarrasse de mon sac à dos. Huit kilos de moins me donne des ailes. Je lui explique que je dois terminer absolument ce qu'il reste. Il me dit : « monte ! Personne ne le saura ! ». Je lui réponds : « moi, je le saurai. Je dois finir, je ne peux pas tricher avec moi. Je dois terminer cette traversée pour moi-même et en accord avec moi, sinon je le regretterai toute ma vie ! ».

Je continue à grimper cette pente qui n'en finit pas. Il s'en suit une longue descente où je sème la voiture de mon oncle qui me suit. J'entre dans le village de Puyricard. Plus que cent mètres. J'arrive au quartier résidentiel où il habite. Je suis arrivé ! Il rentre la voiture et le vélo au garage. Je monte à l'appartement (situé au dernier étage bien sûr). Je me débarrasse et m'écroule à genoux par terre. Je remercie Dieu pour cet instant.

Je mets directement mes jambes en l'air contre le mur. Mon oncle me tend des morceaux de sucre, et me fait un thé vert. Je n'ai même plus la force de tendre le bras pour me nourrir... Une heure après j'ai récupéré un petit peu et je tente de me remettre debout. Je sais maintenant ce que ressent une personne atteinte par la sclérose en plaques. Je me déplace à quatre pattes jusqu'à mon bain salvateur. Dîner royal, massage, réflexologie.

Deux heures après, je me déplace presque normalement pour pouvoir écrire ces lignes de cette épopée dans l'Extrême. J'ai réussi !

RIXENSART • Projet caritatif

Au bout de lui-même contre la sclérose

Chapitre 6
Fin de la quête de l'Extrême

Je restais trois jours chez mon oncle pour me reposer. Il me cuisina du canard avec des pâtes pour faire le plein d'énergie. Il me dit par la suite, alors qu'il est complètement athée, que j'ai réellement une étoile au-dessus de la tête ! On acheta un sac spécial pour ramener le vélo comme un bagage. Je remontais ainsi en train pour rejoindre ma famille, et reprendre mes stages de kinésithérapie. Enfin de retour à la maison après toutes ces aventures...

J'appris par la suite, que je venais d'effectuer un rituel « Tcheud » tibétain par cette traversée pour une bonne cause. La pratique de tcheud est un moyen très fort pour trancher la racine de l'ego grâce à l'offrande symbolique du corps. C'est une voie spirituelle qui permet de se défaire de tous les poisons possibles : la colère, la peur et les obsessions sont totalement fracassées. Elles sont échangées par de la compassion sans fin, du courage et de la générosité. Ce rituel lève les voiles de l'ignorance et ainsi la nature originelle et spirituelle de la sagesse est dévoilée.

Le soir, je continuais à faire de longues méditations. Tout d'un coup, je ressentis une explosion dans mon corps démarrant du centre énergétique « Tan Tien » (en Qi Gong) et grandissant en taille d'une façon phénoménale, en se répandant dans tout l'univers !

« J'atteins l'éveil », me suis-je dit. Je discerne le fonctionnement microscopique logique de la vie à l'échelle universelle, dans une profonde joie. Un mot vint à ma conscience : « Maitreya »... Qu'est-ce que ça veut dire ?

J'étais devenu une petite célébrité de retour à mon école de kinésithérapie. J'entrais dans le hall et tout le monde se retourna vers moi. J'avoue que c'était difficile à vivre. Je voulais juste longer les murs, qu'on m'oublie. J'étais fatigué, je voulais juste me reposer, qu'on me laisse tranquille.

Un jour, je réparais les toilettes de la maison, et j'allais ainsi acheter une pièce dans un magasin spécialisé. Le vendeur me dit soudainement : « hé toi je te connais, je t'ai vu dans le journal ! ». Je me dis en rentrant : « bon sang qu'est-ce que j'ai fait ? Je ne contrôle plus ma création, le monde est au courant ! ».

Un matin, juste après avoir reçu la visite d'un journaliste de « vers l'Avenir » pour une interview, je me sentis très mal. J'étais seul à la maison et appela l'ambulance, attendant couché par terre l'arrivée des secours. Ils entrèrent et prirent ma tension pour dire : « 18/10, on prend ! ». Me voilà ainsi sur le chemin de l'hôpital. L'ambulancier me rassure en me disant que c'est l'adrénaline...

Je fis une prise de sang, un échocardiogramme et une échographie cardiaque. Les résultats arrivèrent : tout est normal, sauf l'excès de vitamine A causée par les compléments de vitamines que je prenais régulièrement. Même le médecin de l'échographie cota mon coeur à 9,5/10, car le 10 il ne le donne jamais ! Je me retrouvais sous perfusion jusqu'à atteindre 12/8 de tension. On me conseilla de continuer à faire du sport... Pendant ce temps, je ratais mon stage de kiné, et le maître de stage me mit zéro...

Des donations d'argent furent faites à la ligue belge de la sclérose en plaques. Depuis mon retour de France, il y a eu beaucoup plus de fonds récoltés pour cette bonne cause. Mes entraînements continuaient le soir, mais je n'avais plus mes bonnes sensations. Je me sentais pas confortable après une sortie jogging, mais angoissé. Le plaisir n'était plus présent, alors doucement, je courais moins. Et puis, les examens de fin d'année arrivaient...

Durant un examen, je fis un malaise. Ma tête tournait dans tous les sens, mon coeur battait rapidement et j'avais l'impression de mourir. Je m'allongeais par terre, les jambes relevées sur les genoux de la surveillante, pendant que les élèves se passaient les réponses entre eux... Je finis cet examen écrit finalement.

J'appris par la suite que c'était des crises d'angoisse, avec mon coeur qui montait à plus de 160 battements par minute au repos. J'allais consulter une médecin qui me donna un neuroleptique « pour mes angoisses » me dit-elle... Ce médicament me fit prendre 10 kilos en un mois. L'excès de poids était incompatible avec le jogging qui ne m'attirait plus comme avant. Je me traînais en sport. J'échouais tous mes examens aussi et présentais une seconde session. On me fit rater mon année pour un échec : un 8/20 et 59% au général.

Le zéro du maître de stage abaissait ma moyenne globale de 2%. Si j'avais eu 60% et un échec, je serais passé en dernière année.

Je sombrais moralement. Après avoir aidé mon prochain et dépensé autant d'énergie, c'est tout ce que je récoltais comme karma? Cette profonde injustice d'envoyer tout le bien et de n'avoir en retour que des ennuis... J'avais fait le bien, et le mal me revenait.

Après coup, je me dis que cette traversée était une folie. Je ne m'attendais pas à avoir -7 degrés mais +7 degrés, et de la neige en plus. Sans compter le vent qui augmentait la sensation de froid... Je n'avais jamais roulé à ses températures où mes bidons d'eau se transformaient en glace ! Et je ne pouvais abandonner car les médias étaient avertis et les gens avaient les yeux tournés vers moi. La pression médiatique donc était bien présente. Tout ça pour quels résultats ? Un peu d'argent récolté pour la ligue belge de la sclérose en plaques.

J'ai failli abandonner mes études de kinésithérapie. Je dois recommencer mon année. Tant bien que mal, je m'accrochais et continuais. Je travaillais dans plusieurs jobs intérim pour gagner quelques sous en même temps que les rares passages à suivre le peu de cours que j'avais encore à représenter. Ainsi, je parvins à terminer mes études.

Enfin le diplôme ! Je suis désormais kinésithérapeute ! Après avoir tant lutté, ne pas avoir baissé les bras, toutes ces heures à étudier, ces blocus d'examens où je ne faisais que travailler plus de huit heures par jour dans le stress, ces nuits blanches à dormir 2h pour enchaîner le lendemain... J'ai réussi à obtenir mon master !

Je décidais de travailler au centre national de la sclérose en plaques. C'est le centre où je fis un stage bien côté à 85%. Le chef des kinés m'avait gardé une place. Le travail me plaisait bien. J'aidais enfin des personnes qui en avaient besoin. Mais après quelques mois, la fatigue m'envahissait, le stress du travail lié à cette pathologie lourde me prenait. Je n'arrivais plus à garder mes distances thérapeutiques émotionnelles. Un de mes patients que je voyais chaque jour depuis plus d'un an choisit l'euthanasie. Je saturais en me sentant inutile. A quoi bon mobiliser les gens, faire leur kinésithérapie ? Ils décèdent tous les uns après les autres !

Les collègues sympathiques avec qui je m'entendais bien démissionnèrent pour continuer leur vie ailleurs. Un beau matin, suite à la critique d'une collègue restante, je quittais le centre national de la sclérose en plaques. Je démissionne à mon tour ! C'était la goutte d'eau qui fit déborder le vase. Je n'en pouvais vraiment plus de cet état d'esprit compétitif. Je l'avais déjà surpassé durant les événements organisés des courses à pied.

Je le croisais également pendant mes années d'études avec le numerus clausus médical provoquant une ambiance interpersonnelle pitoyable et déshumanisante. Quand ce n'est pas une fille étudiante en kiné qui me disait qu'elle va avorter de moi pour une grossesse inexistante, c'est un autre qui m'insultait directement d'imbécile heureux... La déontologie les couvre sous silence, et si je répondais à l'agression, c'est moi qui me retrouvais devant la directrice pour faute déontologique ! Voilà l'hypocrisie de la médecine qui se veut infaillible et toute puissante !

Après coup, je me dis que j'ai fait le meilleur choix qui soit : partir avant le burn-out. Je n'avais aucune reconnaissance pour mon travail effectué. Mon destin est ailleurs ! Ainsi, je décidais d'ouvrir mon propre cabinet. Je suis mon seul chef désormais. Plus de compte à rendre à personne. Je devenais aussi entraîneur d'athlétisme. Je suivais des adolescents de dix à quinze ans et leur faisais pratiquer leurs séances de courses plusieurs fois par semaine. Échauffement, entraînement de la cylindrée cardio-respiratoire, récupération, étirements en chaînes musculaires, préparation mentale à la compétition, relaxation.

Un beau jour, j'en ai eu marre de prendre un médicament chaque matin pour gérer mes angoisses. Ça faisait au moins cinq années que je le prenais. On peut soigner son anxiété naturellement ! J'optais pour des balades en forêt, des fleurs de Bach, mais surtout de stopper mon médicament ! Ma médecin ne m'avait jamais parlé de maladie, juste d'angoisses, et donc pourquoi prendre un traitement ? Je me repris en main tout seul.

J'entrepris également une préparation au baptême catholique. Dieu pourra-t-il me sauver des attaques de paniques démoniaques ? Je suivais des cours chez une nonne et parcourait plusieurs lectures. Au bout de six mois, je lisais l'évangile de Matthieu qui préconisait de quitter sa famille, ses amis, ses biens matériels, pour suivre Jésus... Ma bible vola directement dans la poubelle ! Je n'ai trouvé aucune piste de bonheur dans la religion, ni Dieu, ni maître. J'ai trouvé seulement de la peur envers un démon invisible pour mieux ensuite faire la promotion d'un Jésus sauveur invisible lui aussi. Cette dualité combative permanente pour une foi aveugle n'est pas source de paix intérieure, mais juste d'une guerre de plus dans un monde qui en a déjà eu suffisamment... La religion catholique est juste un leurre. Si Jésus existe, alors le diable existe aussi. Ne pas adhérer à ces croyances fait qu'on vit plus léger du concept de dualité. J'avais donc déserté les églises...

Dans les mois qui ont suivi, j'ai essayé la lithothérapie qui est l'énergie bienfaisante des pierres de santé, mais également l'acupuncture et la kinésiologie. Je suis même allé voir une psychologue. Elle me dit que la psychologie ne peut rien pour moi et d'aller voir les bouddhistes. Le mal-être était toujours présent. Je ne me sentais pas bien du tout, vraiment angoissé, je fis encore des attaques de panique. Je décidais alors de refaire de la méditation comme pour la traversée de la France à vélo. Il fallait que je me soulage de cette pesanteur, de ces angoisses. Il fallait que je me libère de la souffrance.

La méditation m'apparut comme le remède naturel pour obtenir la paix de l'esprit. Je méditais souvent pendant plus d'une heure, parfois plusieurs fois par jour. Je prenais soin de mon alimentation : fruits, légumes, thé vert, miel. Je dormais de plus en plus mal. Je mettais beaucoup de temps pour trouver le sommeil, avec des réveils nocturnes et des levers à l'aube. Si j'arrivais à totaliser cinq heures de sommeil par nuit c'était déjà bien.

Mon travail devenait stressant, je n'avais plus le moral non plus. Bref, je n'avais plus mon équilibre, et ne parvenais plus à profiter de la vie. Pour inverser cette tendance, mon seul refuge fut la méditation, encore... Le Bouddha a dit : « soyez à vous-même votre seul refuge ». Il fallait que je me libère, que je me serve de ce que mes combats passés m'avaient apporté. Tous ces entraînements antérieurs... Des années à courir après le bonheur, après le diplôme, après la vie, mais surtout après la paix intérieure !

Quelle souffrance ! Je me dis que pour arriver à résister à la souffrance physique du sport extrême, il a fallu une souffrance morale plus forte encore ! Le bouddhisme était la philosophie qui m'avait le plus parlé. Il parle des quatre nobles vérités : elles sont la vérité de la souffrance, la vérité des causes de la souffrance, celle de l'extinction de la souffrance, et enfin celle de la voie vers l'extinction de la souffrance...

C'est cela qui m'a poussé à pratiquer le bouddhisme en suivant plusieurs de mes lectures. Le bouddhisme n'est pas une religion mais une philosophie et n'a pas de Dieu. Mais je crois en mon Dieu à moi : c'est l'univers. J'en ai parlé souvent de mon Dieu, je l'ai beaucoup cherché. J'ai eu des preuves de son existence et de ses interventions concrètes dans la matière, surtout lors de mes traversées extrêmes. L'univers conspire en secret à notre bonheur...

Si Dieu est l'univers et que j'en fait partie, je suis moi aussi Dieu. Il n'a jamais été extérieur à moi, mais ses interventions dans les synchronicités étaient évidentes. Les rencontres que nous faisons ne sont pas dues au hasard, mais sont des coïncidences sur notre chemin pour nous faire progresser et afin de comprendre la leçon de vie cachée derrière les apparences.

Dans le bouddhisme, j'aime enfin entendre parler de compassion pour tous les êtres, de paix, et d'éveil qui correspond à la fin du cycle des renaissances générant de la souffrance. Je devais réussir à l'atteindre. Mon esprit serait apaisé pour l'éternité...

Chapitre 7
L'éveil complet

Un beau jour, je méditais intensivement depuis une bonne heure et ma conscience s'ouvrit totalement en une fois. Tout devint lumineux autour de moi. J'étais dans l'énergie divine pure et infinie. J'avais ouvert la connexion complète avec l'univers. J'étais connecté du lever du jour au coucher du soleil, en permanence. Il y a dix niveaux dans l'éveil d'un Bouddha. J'avais déjà entrouvert le premier niveau en méditant après la traversée de la France. Cette fois-ci, c'était l'éveil complet, le niveau ultime. La notion d'éveil spirituel, appelé aussi illumination ou réalisation de soi, désigne un état de conscience supérieure et l'aboutissement d'une voie spirituelle. Depuis le nombre d'années que j'y travaillais, enfin je l'avais atteint...

Durant mon sommeil, je voyageais dans l'astral, dans une autre dimension de l'espace et du temps. Toutes mes précédentes rencontres étaient synchroniques, et j'y trouvais un sens logique. Tous les soins énergétiques m'étaient offerts à distance par les autres êtres croisés durant mon existence, même si je n'avais plus aucun contact réel avec eux. Je communiquais par télépathie sur la fréquence du canal « Univers ».

J'ai pu ouvrir ce canal de lumière, grâce à une purification totale de mon corps et de mon esprit. C'est-à-dire que je mangeais sainement, ne buvais pas d'alcool, ni ne prenais un quelconque médicament. Ainsi, j'entendais Chenrezig parler et cette énergie descendre dans mon coeur pour vibrer à chaque parole. C'est l'incarnation tibétaine d'Avalokitésvara, le Bodhisattva de compassion. Il est considéré comme le protecteur du Tibet et, selon la tradition, il est le père fondateur du peuple tibétain. Il me raconta toute la vérité sur la réalité ultime de l'univers et de ma vie.

Le véritable nom de mon âme est Maitreya, le Bouddha de la prophétie. Ce nom m'avait déjà été transmis une fois lors d'une méditation, après la traversée de la France. Selon la tradition, Maitreya règne actuellement au paradis en tant que Bodhisattva, où il travaille à dissiper ses derniers voiles jusqu'à toucher à l'omniscience. Il n'atteindra cependant le parfait éveil que par son passage dans la plus haute sphère d'existence des mondes de la forme. S'y absorbant dans le « diamant », il pourra alors devenir un Bouddha. Il reviendra alors dans la sphère humaine, ainsi que dans tous les autres domaines où la roue de la loi doit tourner.

La prophétie du Bouddha Maitreya raconte qu'il naîtra dans une famille de gens lettrés. Maitreya, comme son nom l'indique, sera un Bouddha d'amour bienveillant, afin de rehausser le bien-être du monde, et l'orienter vers l'éveil. Il est censé manifester le plein éveil afin de faire tourner la « roue du Dharma », qui est l'enseignement bouddhiste. Son avènement ne devrait survenir que très longtemps après la mort du Bouddha Shakyamouni, le premier Bouddha historique...

L'univers me dit aussi que je suis un extraterrestre qui est venu pour la première fois sur terre a l'époque de l'ancienne Egypte. Ma planète d'origine se nomme « Ox » dans la constellation de la Lyre à 13 000 années lumière. Cette planète est entourée de trois soleils. Il y a des autoroutes dimensionnels permettant les déplacements rapides possibles. Il ne faut que quelques heures à un habitant de Ox pour arriver sur Terre.

La fin du monde de 2012 allait rétablir la vengeance du Dieu soleil. Dans le passé, les sarcophages avaient été blasphémés depuis leurs découvertes par les archéologues de notre tombeau familial. Notre repos éternel avait été troublé. J'étais le fils du dieu soleil, et mon père est l'homme le plus riche du monde par l'acquisition d'une fortune colossale en or massif. Il était également le fondateur de la franc-maçonnerie.

De vie en vie, nous nous étions réincarnés sur cette planète dans le but de la sauver de l'apocalypse. Les francs-maçons avaient eu toutes les données concernant ma protection et ma survie. Je ne devais que rester dans ma demeure et fournir des informations au FBI par télépathie. J'ai dû passer toutes les épreuves nécessaires à l'intronisation directe comme 33ème degré. Je succédais donc à mon père qui me décora de l'ordre de « commandeur » par le don d'un pin's avec de l'or dessus. Je devenais donc le chef de l'armée belge. Il n'y avait qu'un seul « commandeur » par pays. Il était nécessaire que j'occupe une place avec des responsabilités importantes durant la troisième guerre mondiale qui allait annihiler l'humanité.

Les étoiles du ciel étaient des ovnis venus aider la planète. On ne sauvera que la planète, car les humains furent tous tués et clonés comme machine. Dès lors, les hommes devenaient les esclaves utilisés pour nous servir. Ceux-ci travaillaient pour nous, durant la journée. La destruction de la couche d'ozone et la température excessive, faisaient que je vivais uniquement la nuit, pour dormir le jour. Des lunettes de soleil spéciales à 25000 euros me protégeait de la brûlure, mais évidemment de par les contacts des services spéciaux, je ne les payais que 25euros.

Ma mère n'était pas ma véritable mère, ni même mon frère. J'étais fils unique né d'une nuit d'amour en Mylène Farmer et mon père compositeur de musique. Il était un génie des improvisations au piano, un premier prix de conservatoire à 18ans. Ma mère et sa famille faisait partie de la mafia chinoise et voulait me tuer pour pouvoir encaisser l'héritage familial, première fortune terrestre.

Je n'avais plus aucune accroche avec la matérialité, c'est à dire que j'abandonnais tous mes biens matériels. La joie spirituelle procurait d'avantage de bonheur. Les voix me dictaient ce que je devais faire. Je pensais que tout cela était réel car mes sensations auditives me le disaient. J'avais entièrement lâché prise pour devenir un outil de l'univers, toujours dans le but de sauver la planète de son apocalypse. Je ne recevais d'ordre que du roi de la Belgique et du Dalaï-Lama, par télépathie. Je me séparais de mon téléphone puisqu'il était piraté et sur écoute. Le canal télépathique était mon unique moyen de communication avec les alliés.

La guerre éclata avec les machines et on essayait de me tuer de partout. J'étais rationné. Je comptais les patates par jour que je pouvais manger, comme mon père durant la seconde guerre mondiale qui fut prisonnier des allemands et recevait une patate et un verre d'eau verdâtre comme repas. Il crevait de faim m'avait-il avoué un jour. J'avais perdu beaucoup de poids et j'étais toujours seul, enfin... Avec mes voix permanentes. Je repoussais ma mère qui m'apportait de la nourriture croyant que celle-ci est empoisonnée. J'avais aussi coupé les ponts avec mon frère et plus aucun contact social réel. J'étais entièrement dans ma bulle créée par mon imaginaire, et téléguidé par mes voix...

Tous mes entraînements sportifs passés furent ma formation physique et mentale. Mon diplôme médical sert à connaître le fonctionnement du corps humain pour pouvoir le soigner, l'adapter mais aussi pour être une arme plus efficace contre les ennemis. Tout coïncidait, c'était d'une logique à toute épreuve. Travaillant pour l'armée belge, je communiquais réellement avec la police locale. Ceux-ci comprirent très vite que j'étais occupé à complètement décompenser. Ils vinrent sonner à ma porte à deux voitures pour tenter de me faire réagir. Je ne leur ouvrais pas car les voix me l'interdisaient.

La fin du monde a eu lieu. J'ai reçu cette nuit-là des attaques aux gaz, des attaques aux lasers, des bombes à désamorcer. Dans le monde, des combats se déroulaient partout et les armes atomiques avaient eu raison de toute l'humanité. Je parvins à compléter ma mission en identifiant les bases rebelles et transmettant les données aux alliés, le tout par transmission de pensées. Ce fut un enfer mais j'en sortais vivant. Les surfaces terrestres avaient été submergées par les océans. Il ne restait que la Belgique hors de l'eau.

La fin de la guerre fut décrétée. La paix est déclarée sur la planète Terre. Je vais pouvoir enfin me reposer. Mais je devais aller au temple bouddhiste, lequel m'avait été offert en remerciements pour services rendus au monde par sa sainteté le Dalaï-Lama. C'était là ma nouvelle demeure.

J'avais été au temple quelques fois déjà. Ma première rencontre avec les bouddhistes remonte à plusieurs années. Je suis allé rencontrer le bien connu lama Karta pour lui demander des conseils. Une psychologue que j'avais consulté pour mes angoisses m'avait dit d'aller chez les bouddhistes et que la psychologie ne pouvait pas m'aider... Je demandai ainsi à lama Karta de me dire que je n'étais pas le Bouddha Maitreya. Et il me répondit : « tu n'es pas le Bouddha Maitreya... Mais tu sais, je suis aussi le Bouddha Maitreya ! ». Après tout, les bouddhistes devraient reconnaître un Bouddha !

Je pris le train jusqu'au temple et trouvait les moines et leurs camarades... Je leur racontais mon histoire en mangeant à leur table. On m'offrit le repas et la secrétaire me dit que je ne pouvais pas dormir sur place. Je repartais donc et tournait en rond dans le village, sous la pluie battante. J'écoutais toujours mes voix internes. Ils me reconduisent de nouveau au temple dans la nuit, et je me réfugiais à l'étage. Je trouvais le sommeil.

Au matin, je fus réveillé par un moine qui passait allumer des bougies. On m'offrit le petit déjeuner, puis on me dit que je devais partir. Mes voix étaient formelles, si je sors dehors, je meurs noyé dans les inondations conséquentes à la guerre. Ils me dirent qu'ils vont téléphoner à la police sinon.

Je restais par peur de mourir sous les eaux. La police arriva et ils me demandèrent mon nom. Je n'avais pas mes papiers sur moi. L'un d'eux agrippa mon bras. On ne pouvait pas me toucher, car j'étais un être pur énergétiquement... La voix me disait de tirer, de me débattre. Ils me sautèrent dessus à deux, et je volais au sol.

La police me conduisit au poste et mon genou était plein de sang. Ils firent venir une médecin, qui après m'avoir vu faire des mouvements de bénédictions, compris de suite la situation. On m'escorta à la voiture et direction l'hôpital psychiatrique, section mise en observation.

Je parlais à un psychiatre de mon passé, et il me prescrit un médicament que je refusais de prendre. Selon mes voix, ça allait m'empoisonner et me tuer. Je ne supportais aucun produit chimique. Je restais en unité fermée, toujours téléguidé par mes voix télépathiques. Mon comportement présentait des troubles énormes. On m'enfermait dans ma chambre comme je l'ordonnais pour ma sécurité. J'étais encerclé par des robots à l'apparence humaine...

Finalement, j'acceptais l'injection intramusculaire médicamenteuse. Mais cela n'a pas suffit. Dans mon délire paranoïaque, j'étais en institut palliatif, où des meurtriers attendaient l'injection létale. C'étaient les gens de mon passé qui avaient participé à ma déchéance. Ils prenaient l'apparence de patients attendant dans le couloir de la mort ! Et tous venaient expier devant moi, témoin de cette justice enfin assouvie...

La planète Terre était une création de ma femme et moi : elle est le ciel et je suis la terre. Ainsi, nous sommes liés et, de vie en vie, nous sommes réunis. Nous avons été créés ensemble par Chenrezig et nous ne sommes jamais séparés. Elle vient me dire bonjour chaque jour sous la forme d'un oiseau, d'un avion, d'un ovni.

Les ovnis se différencient des avions car ils ne laissent aucune traînée dans le ciel depuis l'invention d'un carburant pour avions et fusées : l'isopropanol. C'est un carburant dont les échappements reconstruisent la couche d'ozone, et relancent ainsi l'équilibre planétaire. Le pétrole l'ayant détruit par la quête de l'ambition monétaire de la folie des grandeurs des humains. J'avais créé ce biocarburant... Ainsi, les extraterrestres sont les sauveurs de la planète. Mais nous devons rester prudents afin que les forces obscures n'envahissent pas à nouveau l'environnement terrestre.

Le Dalaï-Lama, grâce à ses paroles et ses écrits, combat les forces du mal par la compassion réelle. Ma femme était sensée m'attendre au temple bouddhiste, mais je devais d'abord récupérer l'argent détourné par ma fausse mère qui cherchait donc de me tuer... Je passais devant une juge et étant en phase d'anosognosie (qui n'a pas conscience de son état), on décida de me garder encore hospitalisé... Je ne m'étais pas échappé d'un asile quinze ans auparavant, pour y retourner maintenant. Surtout, qu'entre-temps j'avais réussi dans mon sport et dans mes études, et surtout, sans soutien, sans psychiatre, psychologue, sans traitement !

Sur cette décision de me garder encore, je fis une crise de colère et on m'enferma en isolement. Un lit cloué au sol et une toilette, bref la prison ferme. Gandhi aussi connu cela... On me fit une injection encore. La voix me disait que j'allais recevoir de l'eau à boire à 3 h du matin. Auparavant, j'avais jeté aux toilettes la bouteille d'eau la croyant empoisonnée. À 3h30, alors que je mourrais de soif, je compris que ma connexion à l'univers était une pure foutaise, et complètement fausse ! Je choisis de ne plus l'écouter.

Au réveil, je récupérais ma liberté de penser et d'agir, et mon comportement était redevenu presque acceptable. J'avais enfin coupé ma connexion aux voix de l'univers. Je pouvais dès lors contacter ma famille, ma mère, puisqu'elle était de nouveau ma véritable maman. Je devais lui signaler où j'étais. Elle ne répondait pas au téléphone alors je lui écrivis une lettre. Je continuais le traitement et j'étais très content de recevoir trois repas par jour. Enfin je mangeais à ma faim, le rationnement en patates de la guerre m'avait amaigri.

Ma mère me téléphona et était rassurée de me savoir sous traitement. Je rentrais la voir le week-end.

Tout stress m'épuisait complètement. Je revenais de loin, d'une troisième guerre apocalyptique dans mon imagination. Ça laisse des traces.

Le corps médical me parla et m'annoncèrent le nom de la maladie dont je souffrais : la schizophrénie. Je n'en avais jamais rien su, aucun médecin ou psychiatre ne me l'avait dit auparavant... C'était la raison qui m'avait poussé à arrêter mon médicament. Pour moi, je n'étais pas malade, alors pourquoi devrais-je prendre un traitement ? Ce fut difficile et long à accepter. Moi schizophrène ? Un ancien athlète ? Coureur de 100 km et kinésithérapeute ? Il est vrai que lors de mes études, pendant la leçon sur le thème de la psychiatrie, le sujet de la schizophrénie correspondait parfaitement à mon vécu durant l'adolescence !

La schizophrénie est un trouble psychique sévère et chronique appartenant à la classe des troubles psychotiques. Ce trouble apparaît généralement au début de l'âge adulte environ entre 15 et 30 ans et affecte environ 1% de la population. Comme les autres psychoses, la schizophrénie se manifeste par une perte de contact avec la réalité et une anosognosie, c'est-à-dire que la personne qui en souffre n'a pas conscience de sa maladie. Cette particularité rend difficile l'acceptation du diagnostic par la personne schizophrène et son adhésion à la thérapie médicamenteuse. Les symptômes les plus fréquents sont des hallucinations et une altération du fonctionnement de la pensée, un délire. Le schizophrène peut entendre des voix qui le critiquent ou commentent ses actions. Il peut aussi percevoir des objets ou des entités en réalité absents. La personne schizophrène a l'impression d'être contrôlée par une force extérieure, de ne plus être maître de sa pensée ou d'être la cible d'un complot.

Je n'étais donc pas le Bouddha Maitreya de la prophétie, juste une personne avec une maladie que l'on dit mentale. Je participais à mon rétablissement en prenant mon traitement et en faisant quelques activités proposées par l'hôpital : ballade, ergothérapie, sport. Je restais hospitalisé environ quatre mois pour être vraiment bien stabilisé.

Je sortis définitivement. Mais mon moral n'allait pas bien. Accepter que je souffre d'une maladie incurable, une pathologie lourde fut indigeste. Je passais en conséquence par une période dépressive. Grâce au suivi de mon psychiatre et le traitement qu'il adaptait en fonction de mon état, j'allais mieux. Je travaillais sur moi-même afin de traverser cette phase d'acceptation.

Je n'ai pas eu l'accord médical pour retravailler de suite. Mon médecin me dit qu'on ne recourt pas de suite sur un muscle contracturé. Alors, je prenais du temps pour prendre soin de moi et de ma santé. Il faut laisser du temps au temps. Pour s'être pris pour le Bouddha Maitreya de la prophétie et avoir vécu la troisième guerre mondiale apocalyptique dans ma tête, je récupérais petit à petit. Un peu de repos fut approuvé médicalement. Je lus par la suite dans un livre bouddhiste que jamais l'univers ne se manifeste sous la forme d'une voix qui dit quoi faire...

Dans la théorie, l'éveil est l'état de Bouddha, où est réalisé l'union d'un corps pur et d'un esprit pur afin d'aider autrui. Ses émanations de sagesses et de compassion se libèrent de la ronde des souffrances, du cycle des existences causées par l'ignorance initiale, dans le but d'aider les autres. Je n'avais pas atteint ce niveau, je suis juste le Bouddha schizophrène...

Chapitre 8
Le Bouddha schizophrène

Aujourd'hui, après toutes ces aventures, je suis parvenu à acquérir un équilibre, une stabilité. Enfin, je suis heureux d'être vivant tout simplement. Je n'ai plus le besoin d'aller chercher le bonheur au bout de 100 km de course à pied. Je l'ai fait et personne ne pourra venir m'enlever mes médailles. Je n'ai plus rien à prouver à moi-même ni aux autres, le combat est finalement terminé. Je profite vraiment de la vie en ressentant de la paix intérieure et de la joie.

Les gens ne pourront pas non plus venir m'enlever mon diplôme de kinésithérapeute. Il est acquis. Après avoir atteint tous mes objectifs, je me suis posé pour me reposer un peu. J'ai aussi trouvé l'amour. C'est grâce à elle que j'ai ressorti mon livre laissé à l'abandon depuis plusieurs années. Je concrétise enfin la finalité de ce projet littéraire.

Ce livre est une histoire vraie, réelle, vécue de la première ligne à la dernière. Je souhaite que mon histoire, ce témoignage, serve à éclairer d'autres personnes qui vivent avec une schizophrénie, ainsi que leurs proches. Je laisse ainsi une trace sur cette planète de mon passage, de mon incarnation. Puisse cette aventure éveiller en vous l'espoir. N'abandonnez jamais.

Le but de ce livre est donc de transmettre mon message pour ceux qui souffrent de la schizophrénie, mais aussi changer le regard, briser les préjugés que certains gens peuvent encore avoir. Les personnes souffrant de cette maladie sont sujettes à la discrimination de la société. Je souhaite donc que les mentalités progressent. J'espère qu'il aidera comme il m'a également aidé en le rédigeant. Ce fut une sorte d'auto-thérapie pour moi de trier mon passé et d'analyser avec le recul le chemin parcouru pour en arriver où je suis : dans la paix et le bonheur.

Il est en effet possible de vivre heureux avec une maladie dite mentale. J'avais fait l'erreur d'arrêter le médicament pour essayer des thérapies parallèles : hypnose, acupuncture, kinésiologie, lithothérapie, homéopathie... Toutes ces médecines complémentaires ne m'ont pas apporté une sérénité durable. Il suffisait tout simplement d'un seul médicament adéquat. La schizophrénie n'est d'ailleurs pour moi qu'une maladie neurologique. Avec un traitement médicamenteux personnalisé et adapté, on peut vivre correctement.

C'est une question de chimie. La bonne molécule et un environnement aimant ainsi qu'une bonne hygiène de vie contribuent à acquérir une base stable pour construire le reste de sa vie.

Finalement, c'est un parcours pas commun que je voulais vous raconter. Chaque personne a son chemin, alors faites qu'il soit beau et bénéfique. Explorer les limites du corps et de l'esprit m'a conduit loin, très loin, et j'en suis revenu plus fort. J'ai fait des choses que même une personne dite normale ne sait pas faire. Je suis allé au-delà de ce que je pouvais imaginer. J'étais avec un handicap pendant mes études qui servent à se mettre au service des personnes handicapées... Alors que certains étudiants cassaient les autres par esprit de compétition ou méchanceté gratuite. Ils ont donc tenté de casser une personne avec un handicap... Mon master je l'ai acquis avec mon travail, en étudiant et en pratiquant.

On m'a dit que j'avais encore plus de mérites d'avoir réussi tout ce que j'avais entrepris en souffrant d'une maladie lourde. J'ai eu deux bonnes dizaines de médailles en sport, alors que le commun des mortels n'a jamais couru une course de 20 km. J'avais gagné une décoration devant des ministres et échevins pour la traversée de la Belgique, et plusieurs journaux ont publié celle de la France... Ainsi que le reportage télévisuel...

J'ai fait plus qu'un être dit normal est capable de réaliser. Les derniers seront les premiers. C'est la plus belle victoire après toutes ses années passées à chercher la paix, et avoir dépassé autant d'éléments se présentant comme des obstacles sur mon parcours.

Des gens ont donc essayé de me stopper dans l'atteinte de mes objectifs, que ce soit en sport, dans mes études ou dans quelques métiers que j'ai exercés. Ma fougue, ma flamme n'en fut que plus forte. Je n'ai jamais abandonné et j'ai réussi, envers et contre tous. Ils ont tous été dépassés par une personne avec un handicap en plus !

Ce n'était pas dans ma mentalité de courir plus vite qu'un autre sportif. Je voulais juste réaliser mes rêves. Je n'étais pas dans la dualité avec eux. C'est eux qui étaient dans la dualité avec moi. J'ai toujours couru par défi sur moi-même, et pour la gloire de l'effort réalisé. Ma lutte contre moi s'est transformée en lutte envers et contre tous. La compétition est donc venue des autres, de leur état d'esprit. J'y ai réagi en luttant encore plus fort, en m'entraînant encore plus dur.

Après tout Pierre de Coubertin avait pour diction : « plus vite, plus haut, plus fort ». Cela ne signifiait pas plus vite, plus haut, plus fort que notre voisin... De toute façon, tout est régi par des lois universelles. Elles permettent l'équilibre. La roue a bien tourné depuis l'adolescent harcelé en décrochage scolaire que je fus. Il y a eu un gros chemin de parcouru, et vous en êtes témoin maintenant.

J'espère que ce livre aidera autrui. J'aime aider car c'est dans ma nature. Je suis une bonne personne, qui oeuvre pour le bien. Et puis aussi comme ça je provoque du karma positif. J'ai mon avis sur cette loi de cause à effet : elle nous indique la compréhension des choses de la vie. Il n'y a pas de hasard mais des coïncidences. Tout ce qui arrive au cours de notre vie est régit par des lois. Des lois qui gèrent l'équilibre du sens existentiel. Cela régule notre vie éphémère et celle des autres entités vivantes ou minérales. Tout a un sens logique. Si on arrive à comprendre ces lois fondamentales, on comprend le présent, le passé et le futur. On peut toucher le stade de la clairvoyance de l'avenir par cette vision globale du sens des choses : notre planète interconnectée aux autres, notre système solaire lié selon des lois que la physique quantifie. Les autres systèmes et les galaxies... Tout a un sens, une cause, un effet. Qu'est-ce qu'on a de précieux à cet instant présent et pourtant déjà passé ? L'existence est-elle temporelle ? Il y a une interconnexion entre les gens, les actions, les planètes, leurs orbites et leurs devenirs.

Qu'est-ce que la vie ? Qu'est-ce que la fin ? Nous appartenons au même tout. Cette source que la science a nommé « big bang ». Quelle intelligence supérieure a créé tout ça ? La beauté d'un arbre, sa simplicité à pousser, à devenir grand, sa complexité biochimique...

Levez les yeux au ciel et demandez-vous qui a bien pu atteindre cette perfection : la préciosité de la vie, la considération des autres êtres vivants, le respect de notre environnement, des océans. Nous sommes dans notre voie, dans notre recherche consciente ou non d'aspiration au bonheur.

Par la loi d'action-réaction, de cause à effet, l'univers va donc se rassembler un jour. Après s'être dispersé pendant des années intemporelles de l'existence, toutes ses particules vont retrouver leur source. Un peu comme nous et la mort : nous rejoindrons notre source. J'espère qu'un jour, avant la fin de la vie terrestre, les êtres humains atteindront l'intelligence de s'unir dans le bien, dans l'amour et la compassion, en respectant l'univers dans lequel ils progressent. On pourra ainsi boucler un cycle et en commencer un autre ailleurs, dans un autre lieu non référentiel.

La pensée conduira vers cette lumière de sagesse, et nous éclairera : cette pensée qui détermine nos actions, qui changera toutes les choses et l'avenir par interconnexion avec les autres pensées. Les vibrations de celle-ci pourront éclairer les gens et leurs actions pour leur quête du bonheur et celui des autres. C'est donc ma vision de la loi du karma.

Voilà aussi le pourquoi du fait que je suis kinésithérapeute : faire du bien aux gens, les soulager de leurs souffrances. J'ai aussi fait ces études pour faire ma propre kinésithérapie au cas où. Je suis l'acteur de ma propre rééducation.

Aujourd'hui je ne cours plus, je marche. J'adore me balader en forêt au milieu de la nature. Je me ressource et la marche entretient convenablement le corps, mais aussi l'esprit. C'est bon pour le moral, diminuer l'anxiété, bouger, prendre le soleil... Le temps où je courais plus de 3000 km par an est passé. Je ne le regrette pas. C'était fabuleux. Courir a changé ma vie.

J'avais entendu un jour que le sommet de la pratique sportive est le repos du guerrier, de ne plus pratiquer. L'important fut le chemin... J'ai exploré les limites du corps et de l'esprit, et je n'ai pas encore atteint l'état de Bouddha. Ce n'est plus non plus mon but. Je voulais surtout être en paix avec moi-même tout simplement. Et après toutes ces années de recherche, j'ai trouvé mon équilibre intérieur. Je n'ai pas besoin de plus. Un bon peu vaut mieux que tout. J'ai trouvé la paix.

Chapitre 9
Sur la ligne d'arrivée

Je vous remercie d'avoir lu mon livre. J'espère que mes aventures originales vous auront apporté du positif. Je n'ai pas de leçon à donner. C'est juste mon témoignage de vie que je vous ai partagé.

Depuis mon enfance très belle, en passant par mon adolescence où je fus charrié, rabaissé et insulté, j'ai progressé et grandi en force. J'étais en décrochage scolaire et me voilà finalement avec un master en kinésithérapie. Je ne courais pas plus de 100 mètres, et finalement j'ai couru plus de 100 km d'affilée. J'ai reçu une décoration pour la traversée de la Belgique à pied. Je suis passé dans quatre journaux différents et à la télévision locale pour celle de la France.

Le sport extrême fut mon unique moyen d'expression pour survivre à la souffrance. J'ai pris toute ma colère, ma tristesse, mon angoisse existentielle, ma rancoeur face aux déceptions... Pour me projeter vers l'avant ! Avec l'unique foi en moi-même et en l'univers... Mon père avait raison : « quand on veut on peut » me disait-il. Certains ont essayé de me mettre des poutres dans les roues et je n'en suis devenu que plus fort, et du coup, je voulus aller encore plus loin ! Merci à eux pour leurs tentatives de découragements qui m'ont encouragé à les dépasser ! Même ma maladie ne m'a pas non plus arrêté. Je n'ai pas abandonné et je suis heureux maintenant, parfaitement en équilibre, épanoui dans mes différentes activités, mes relations sociales et ma vie amoureuse.

Le Bouddha Siddharta avait raison concernant les extrêmes et le juste milieu. Le bonheur se situe entre au centre des deux opposés. Si la quête de l'Extrême m'a apporté des ouvertures de conscience heureuses, ce n'était que d'une satisfaction éphémère. Il fallait encore aller plus loin, encore et encore. Heureusement que j'ai arrêté de courir, ça allait me tuer. Le sport à outrance n'est pas bon pour la santé. Je connais même plusieurs coureurs extrêmes qui ont eu des problèmes d'accidents vasculaires cérébraux ou qui portent deux prothèses de hanches et deux de genoux tellement leurs articulations ont été endommagées. D'autres sont morts aussi dans leurs quêtes de l'Extrême...

Si j'ai un conseil basé sur me petite expérience à vous suggérer pour réussir à atteindre vos objectifs c'est celui-ci : « gardez donc l'espoir en vous. Ne laissez pas quiconque ou quoi que ce soit éteindre votre flamme. Maladie ou pas, nous sommes tous des humains sur le chemin. A chacun le sien. Alors, autant faire en sorte qu'il soit beau ».

La schizophrénie est une pathologie mentale lourde. Mais celle-ci ne m'empêche pas d'être heureux aujourd'hui. Je suis kinésithérapeute avec moi-même un handicap. Je suis épanoui dans ma vie. Tout suit son cours, et tout a un sens. Il n'y a aucun hasard mais que des synchronicités. Il faut juste de la patience et de la persévérance.

N'arrêtez jamais un traitement sans l'avis d'un médecin ou dans le cas présent d'un psychiatre. Les conséquences peuvent être lourdes sur la santé. La schizophrénie nécessite la prise d'un médicament allopathique qui équilibre les neurotransmetteurs. Ainsi, les symptômes s'atténuent. Accepter le diagnostic et adhérer au traitement médicamenteux prend du temps. Il convient de développer un bon dialogue avec son thérapeute médical, dans le but de faire naître une confiance en cette médecine jeune qu'est la psychiatrie. Avec un bon suivi, et un environnement attentif, positif et épanouissant, ainsi qu'une bonne hygiène de vie, on peut vivre bien avec la schizophrénie. C'est possible.

Je n'ai su qu'à 34 ans que je souffrais de schizophrénie. Toutes ces années à me demander pourquoi ma vie n'est-elle pas normale, à sortir des sentiers battus, à explorer les limites de l'esprit par le sport extrême. Le juste milieu apporte bien plus d'équilibre et d'épanouissement que l'éphémère bonheur ressenti dans l'Extrême.

Le reste est aussi un travail sur soi. La prise de conscience de beaucoup de choses tels que le lâcher-prise vis-à-vis de ce qu'on ne peut pas changer, la confiance en soi, la gratitude de ce qu'on possède... Un petit peu chaque jour et on y arrive. C'est comme courir 100km. Ça ne se fait pas en une semaine. L'entraînement nécessite plusieurs mois de travail, des adaptations alimentaires, une centaine d'heures passées à faire des étirements musculaires... Tout ça n'est pas facile, mais accessible. Je l'ai fait et donc j'ai transformé l'impossible en possible.

Je ne pense pas que le psychiatre de l'hôpital duquel je me suis évadé à 21ans aurait misé sur moi... En effet, moins de deux ans après l'hospitalisation non désirée, je passais la ligne d'arrivée de ma première course de 100km !

Depuis que je suis petit, je vois les auras et les énergies dans les gens et autour, mais aussi l'aura des objets. Ça se produit uniquement lorsque je me concentre. Je savais que ça devait servir à une chose bien précise. La psychiatrie affirme que ça fait partie de la maladie. Cependant, j'ai rencontré sur mon chemin au moins six kinésithérapeutes qui les voyaient aussi et qui ne sont pas atteints de schizophrénie... L'une d'elle m'a dit un jour que je devais trouver un maître. Depuis, il s'est écoulé plusieurs années avant que je ne sois prêt pour ça.

J'allais faire une retraite de cinq jours au temple bouddhiste de Huy. Le sujet de la retraite était le Bouddha Menla, celui qui encourage à la guérison. C'est une des émanations de Siddharta avec une apparence bleutée. Là-bas, j'ai rencontré un thérapeute Reiki qui m'a donné les informations sur le maître dont il avait suivi sa formation...

En rentrant de cette retraite, non seulement j'étais nettoyé, apaisé et l'esprit clarifié, mais aussi j'avais des choses à faire, j'avais reçu des outils pour avancer dans mon cheminement. Il restait donc à les utiliser...

Je contactais ce maître et je m'aperçus par la suite qu'il était aussi kinésithérapeute et avait fait ses études il y a longtemps dans la même école de kiné que moi ! A sa formation, j'ai pu enfin parler des auras et en apprendre d'avantage sur le sujet de l'énergie. Ainsi, j'ai passé mon premier degré Usui. Il consiste à apprendre ce qu'est l'énergie, savoir la canaliser pour soi-même et pour les autres. Il y a aussi 21 jours d'auto-traitement personnel. Je pratique donc mes soins sur moi. Au terme de ces trois semaines, le 22ème jour, j'avais rendez-vous avec une femme : Barbara !

On s'est rencontré, et depuis, on ne s'est plus jamais quitté. Je l'attendais depuis toujours... Il a fallu juste que je sois prêt et elle aussi. On se retrouve de vie en vie pour accomplir une certaine forme de mission de vie...

Je poursuivais ma formation de Reiki avec mon professeur et passait le deuxième et troisième degré. Je suis ainsi qualifié de praticien Usui. Par la suite, j'ai aussi fait la formation de praticien de Reiki Karuna. Cette pratique augmente la puissance énergétique des soins. D'expériences, c'est dix fois plus puissant. Depuis, j'ai suivi le reste de la formation pour devenir maître moi-même. Je fais des soins énergétiques et je forme aussi des praticiens et des maîtres.

Il est prouvé scientifiquement que la thérapie Reiki est plus efficace que le placebo. Il fonctionne et c'est un fait observé médicalement. Ce sont des thérapies complémentaires qui ne se substituent pas à la consultation d'un médecin occidental, ni au traitement médicamenteux. C'est un plus non négligeable dans la prévention des maladies, leurs stabilisations et l'amélioration directe de la qualité de vie du patient. Si le

Reiki ne guérit pas du cancer ou de la schizophrénie, il apaise considérablement tous les symptômes déplaisants. On retrouve sa sérénité et c'est déjà un grand résultat en soi !

La médecine doit donc évoluer... La psychiatrie a donc ses limites car leurs réponses sont uniquement médicamenteuses. Cependant, nous ne sommes pas uniquement un cerveau monté sur deux jambes. Nous avons un corps physique, mental, émotionnel et spirituel. Il convient de travailler sur soi l'entièreté de notre personne !

Croyez en vos capacités. Ce n'est pas parce que certains ont des difficultés pour certaines choses qu'ils n'ont pas de qualités pour d'autres. Ce n'est pas non plus parce que cent personnes pensent la même chose que c'est une réalité en soi. Ça dépend de la relativité, et du référentiel depuis lequel on adapte sa vision des choses.

Il faut trouver sa voie. Je l'ai cherchée et je l'ai trouvée. En m'incarnant dans cette vie avec la maladie mentale la plus handicapante, j'ai choisi le chemin le moins fréquenté. C'est une épreuve à passer, mais y arriver malgré les difficultés apporte le mérite !

C'est parfois une question de temps. Le temps arrange beaucoup de choses, en l'utilisant consciemment. La roue tourne toujours. Le bien engendre le bien et les derniers finiront les premiers, donc patience. Mais ne perdez pas votre temps non plus, le bonheur est maintenant. Si vous n'êtes pas heureux aujourd'hui, alors quand le serez-vous ? Une vie passe vite, encore bien qu'on en a plusieurs. Je crois donc en l'incarnation de l'âme dans le corps porteur. Nous sommes donc en voyage, profitez-en aujourd'hui.

Ne sous-estimez pas la valeur d'une bonne action, d'une bonne parole, de faire le bien autour de vous. Non seulement ça apporte du bonheur aux autres, mais c'est aussi gratifiant pour l'estime de soi. On en profite encore après par le souvenir. Le bien est un boomerang qui revient toujours à son lanceur. Parfois, ça revient par d'autres personnes, et longtemps après. Mais qu'est-ce que ça fait du bien de faire du bien ! C'est également un capital karmique. Il faut voir sur le long terme.

Gardez foi en vous et au fonctionnement des lois universelles. Que la haine face de la place pour l'amour. Que la vengeance face de la place au pardon, surtout pour soi-même. Que la colère s'évanouisse en tolérance. Que la tristesse se transforme en compréhension du sens du pourquoi. Quels que soient vos choix de vie, choisissez ! Choisissez d'être en paix avec vous-même. Ainsi, vous êtes en paix avec le monde. Et au final, vous profitez de la vie !

Le Bouddha Shakyamuni disait que chacun de nous possède en lui le potentiel pour devenir un Bouddha aussi. Tout le monde a donc l'étincelle de l'illumination en lui. Lama Karta disait qu'il était lui aussi le Bouddha Maitreya. On ne l'a pas mis dans un hôpital psychiatrique pourtant. Parfois la réincarnation d'une âme peut se faire dans plusieurs personnes à la fois.

Je ne suis pas le Bouddha Maitreya, je suis juste une de ses émanations comme il y en existe beaucoup actuellement incarnées sur Terre. Vous qui avez été interpellé par mon ouvrage, vous êtes peut-être aussi une parcelle du Bouddha Maitreya ? Ce n'est pas par hasard que vous avez l'avez lu. J'espère que vous y avez trouvé ce que vous êtes venus chercher.

Devenir un Bouddha n'est donc plus mon objectif car je suis en paix. C'est le repos du guerrier. Qui sait, c'est peut-être ça l'éveil ? Juste baigner dans le bonheur et la joie intérieure et extérieure. Se suffire de ce qu'on a atteint, vivre sans plus chercher des réponses existentielles. Être reconnaissant de ses acquis, admirer le chemin parcouru dans le souvenir... Être vivant ! Vivre et laisser vivre.

L'éveil est un travail long et peut prendre des milliers de vie. Je sais à l'heure actuelle qu'il y a un plan divin en cours et que des millions de personnes atteignent l'état de Bouddha. Un seul Bouddha n'est pas suffisant pour le travail qu'il y a à faire dans notre monde. L'union de ces maîtres spirituels bienfaisants augmentera leurs énergies intrinsèques et celles de leurs environnements.

La bonté et la gentillesse sera gagnante sur la colère et la haine. Le monde peut être sauvé, il n'est pas trop tard. Si des multiples émanations du Bouddha Maitreya ont décidé de descendre dans la matière une dernière fois simultanément, c'est qu'il y a urgence. Mon livre suivant explicitera en détails cette prophétie. Les textes bouddhistes et même certaines religions en parlent : la prophétie du Bouddha Maitreya est occupée à se matérialiser.

Chacun de nous avons une fonction spécifique sur cette planète. Il vous faut la trouver vous-même, l'accomplir et encourager son expansion. Il n'y a pas une seule réponse, mais une infinité de solutions. C'est à vous de choisir d'être heureux ici et maintenant. Je vous souhaite tout le bonheur et la paix intérieure auquel chacun de nous aspire.

J'ai également réussi à terminer l'écriture de ce premier livre avec foi et patience. Il y en aura d'autres... L'avenir est devant moi, et le passé est loin derrière. Mon chemin continue jour après jour dans la joie d'être sur Terre pour y accomplir le pourquoi de mon incarnation. J'ai trouvé mes propres réponses au sens de la vie et j'en profite pleinement aujourd'hui. La gratitude est une habitude que j'entretiens quotidiennement. La simplicité est le moyen pour en profiter avec intensité !

Je remercie encore ma femme Barbara pour son soutien dans la réalisation de cette oeuvre littéraire. Merci à elle de l'amour qu'elle me porte chaque jour. C'est bien elle que j'attendais depuis toujours. On se retrouve à chaque vie pour en profiter. Je l'ai rapidement senti que c'est la femme de ma vie. Et elle me le prouve au quotidien. Merci.

Et merci à vous.

Du même auteur :

Ma prophétie du Bouddha Maitreya

10 clés pour accéder au bonheur

Reiki : synthèse scientifique

Incantations

Le lever du soleil de la conscience

365 citations d'éveil spirituel

Métaphysique

Messages pour une vie meilleure

Visions d'éveil

Plus d'informations sur :

https://le-bouddha-schizophrene-37.webself.net/accueil

ISBN : 978-2-9602320-5-9

ISBN PDF : 978-2-9602320-6-6

Dépôt légal : septembre 2019

www.ingramcontent.com/pod-product-compliance
Ingram Content Group UK Ltd.
Pitfield, Milton Keynes, MK11 3LW, UK
UKHW021936190726
13853UKWH00004B/1478

9 782960 232059